JN098531

弁護士法人
東京スタートアップ法律事務所
編著

Startup
Human Resources
Guide

スタート
アップの
人事労務
ガイド

中央経済社

はしがき

　かつての日本は，戦後の焼け野原という文字通り何もない状況から，高度成長を経験しました。数十年にわたって人口が増え続け，経済が成長したのです。そのような時代において，個人は長時間労働など当たり前でその企業に人生を捧げ，企業は終身雇用や年功序列，充実した社会保障的制度をもってそれに応えました。

　その後日本はバブルが崩壊し，「失われた30年」と言われる低成長時代を経験しました。今でもわが国では，人口が減り，高齢者の割合が増え，この傾向はこの先長期間にわたって継続することが予測されています。

　加えて，近年では，コロナショックによる働き方の変化がありました。

　すなわち，人々は，会社に通勤することが減り，在宅の状態で仕事を行うようになり，出張は減り，当然のようにZoom等のウェブ会議を利用した打合せを行っています。この流れは，コロナの収束後も止まらないと考えられます。

　さらに，AIやロボティクス，自動車のEV化や自動運転化といったテクノロジーの進化により，今後多くの雇用が失われるのではないか，少なくとも人間が行うべき仕事の中身・内容が変化するであろうといったことが囁かれています。

　企業とその事業に携わる人々とがどのような関係を構築していくかは，時代や社会によって大きく変容し得るものであり，今はその転換期に来ていると言えます。

　企業は，終身雇用・年功序列を軸とした労働慣行を見直さざるを得ず，その人事労務制度は，各企業が個別に思考し，選択し，デザインしなければなりません。他方で，個人である働き手は，働き方や企業との関わり方を各々が選択していかなければなりません。まさに，多様性の時代が訪れています。

　企業とそこに集まった人々との間の最も代表的かつ一般的な関係は，雇用関係です。そして，雇用に関しては法律が様々なことを規定しています。我々は，「雇用とは何か」ということを「法律」という側面から理解することが，各企業と働き手である個々人が，どのような関係性を選択し，構築していくかの一助になると考えました。

　また，我々はこれまで（そして願わくばこれからも）多くのスタートアップ企業の法的支援を行ってきました。社会の変革期において，新しい社会を構築しその担い手となるのは，スタートアップ企業およびそこで働く皆さんであると考えています。

　そこで今，「法律」と「スタートアップ」というフィルターを通して，「働く」ということを考えてみることは有益であろうとの視座のもと，本書の筆をとらせていただきました。

　本書では，スタートアップ企業がいかにして働き手と関わっていくのか，法律がどのようなことを想定しているのか，法律を前提としてどのような選択肢があるのかについて，採用時からエグジット時まで，様々な場面を想定して執筆にあたりました。

　本書で述べることが，皆さんの選択の一助となれば幸いです。

2022年7月

弁護士法人東京スタートアップ法律事務所
代表弁護士　中川　浩秀

CONTENTS

第3章 スタートアップにおける 雇用契約と業務委託契約

41

第4章　スタートアップの従業員の労働時間・賃金・残業代支払い　69

第5章 **スタートアップにおける柔軟な労働環境設計** 109

第6章　スタートアップの従業員に対する懲戒処分・解雇

141

第8章 その他スタートアップが注意すべき労働法務　201

第9章 エグジット時の従業員の扱い　233

凡　例

■法令

育児・介護休業法 …………………… 育児休業，介護休業等育児又は家族介護を行う労働者の福祉に関する法律

雇用対策法 …………………………… 労働施策の総合的な推進並びに労働者の雇用の安定及び職業生活の充実等に関する法律

男女雇用機会均等法 ………………… 雇用の分野における男女の均等な機会及び待遇の確保等に関する法律

パートタイム・有期雇用労働法 …… 短時間労働者及び有期雇用労働者の雇用管理の改善等に関する法律

労働者派遣法 ………………………… 労働者派遣事業の適正な運営の確保及び派遣労働者の保護等に関する法律

■判例集・雑誌等

民集 …………………………………… 最高裁判所民事判例集

判時 …………………………………… 判例時報

労判 …………………………………… 労働判例

労経速 ………………………………… 労働経済判例速報

Westlaw ……………………………… Westlaw Japan

第1章

スタートアップに関する労務総論

　この章では，スタートアップにおける労務の重要性と位置づけ，コロナ禍におけるニューノーマルへの対応，労働法規の全体像を説明する。

第1節　スタートアップの労務の特徴

　労務とは，企業における労働に関する事務をいう。そして，労務管理とは，労働者の使用を合理化し生産性を高めるために，経営者が行う管理をいう。会社によっては，人事と労務を分けており，前者は個々人の従業員の採用，教育，評価などを担当し，後者は入退職，勤怠管理，社会保険を扱う，といった区別をしている。本書における「労務」は，従業員を管理する業務のうち，人事と労務に関して主に法律問題に発展する可能性があるものを指す。

　どのような企業においても，労務管理を適切に行うことで，従業員の生産性を上げる必要性があるが，スタートアップの場合には，従業員の人数が少なく，労務に関してトラブルが発生した場合には会社に対する影響が大きい。トラブルが発生し，その従業員が十分なパフォーマンスが発揮できなくなったときに，その分会社の業務が停滞し，会社自体のパフォーマンスも下がり，事業が立ち行かなくなる可能性がある。トラブルが発生した従業員の代わりに他の従業員がその業務を穴埋めすることで，穴埋めをした従業員に過度な労働を強いてしまい，それによって長時間労働など新たな労務の問題が発生する可能性もある。トラブルに対応する担当者が決まっていなければ，代表者自らがその問題に対応せざるを得なくなることもあり，代表者が行うべき重要な業務を十分に行うことができなくなる可能性もある。

　法令に違反するトラブルであれば，対応方法を誤ると，会社に金銭的な負担がかかる問題に発展する可能性もある。例えば，未払いの賃金が発生していたことになれば，それを支払わなければならなくなる。賃金関係の未払いが問題になると，半年の賃金であっても100万円以上になり得ることもあり，そのトラブルに要した弁護士費用なども合わせ数百万円単位の損害が発生する可能性

すらある。また，会社の制度そのものに問題があり，複数の従業員とのトラブルが発生した場合は，さらに多額の支払義務を課されるケースがある。その結果，労務上の問題は解決したけれども，結果的に会社が倒産に至ってしまうケースもある。

　労働基準法などの法律に違反した場合には，数十万〜数百万の罰金だけでなく，代表者に懲役刑が科されるケースもある。そうなると，同業種内でのレピュテーションが下がり，取引先との関係も悪化し，事業が立ち行かなくなり，その結果，廃業に至るケースもある。

　そのため，労務に関するトラブルが起きないようにする事前の予防が極めて重要である。十分な予防ができていなくても，事前に想定して対策を考えておくべきである。

　本書においては，各章で分けられたテーマごとに法令に違反するかどうかの基準を解説することはもちろんのこと，そもそもトラブルが発生しないようにするためのアドバイスをなるべく入れたつもりである。

　弊事務所に寄せられる相談においても，「なぜこのような状況になるまで放置されていたか」というものが多い。従業員を招き入れるタイミングにおいては，労働契約や社内の規約において防ぐ手立てがあることが多いが，トラブルが発生してからでは，時間をかけて事後処理をせざるを得ないことも多い。

　労務問題について弁護士へ依頼しようとしても，事前に契約や規約のチェックを依頼しておく方が，後になってトラブル対応としての交渉や裁判対応を依頼するよりも弁護士費用は高くならないことが多い。トラブル発生後の対応の場合には，交渉，労働審判や裁判といった裁判所の手続に至ってしまい，紛争が長期化すればそれだけ弁護士費用も高くなる。このように，弁護士費用に関しても，事前の予防策をとることが合理的である。

　スタートアップにおいては，起業した初期の段階であっても，将来会社の中核を担うような人物を採用することがある。そのような優秀な人物が採用できたのにも関わらず，本来防ぐことができた労務上の問題が発生してしまったことで，優秀な人材を失うことも大きなリスクである。退職した従業員と同等の

能力をもった人物を探さなければならないコストもかかり，また，そもそも従業員と会社のトラブルが他の従業員へのモチベーションのダウンにもつながる。

　以上のような状況を考えると，トラブルに「付き合わされる」ことが企業，特にスタートアップにとっては何よりもリスクである。このような点からも労務管理については，法的なトラブルになる点を事前に理解し，確認いただき，必要があれば弁護士に相談することを強く勧める。

第2節　コロナ禍における ニューノーマルへの対応

　コロナ禍におけるニューノーマルとなったものの一つとして，テレワーク（労働者が情報通信技術を利用して行う事業場外勤務）がある。

　テレワークの形態，導入方法，テレワークの対象者・申請方法および労働時間の管理については，第5章第4節で詳述する。

　テレワークの実施にあたっては，電子押印などを利用したペーパーレス化などの技術的な対応だけではなく，労働者の健康面への配慮も必要となる。

　新型コロナウイルスの感染予防として，出社する際の人数制限やシフト制の導入は必要であるが，テレワーク時の長時間労働対策も重要である。例えば，所定時間外の社内システムへのアクセスを制限したり，アクセス者への警告を出したりするような仕組みを作るなどの対策が考えられる。

　また，労働安全衛生法上の健康相談や，健康増進の教育，ストレスチェックなども，オンラインで行えるよう対応を進めるべきである。

第3節　労働法規の全体像

　本書は，スタートアップが直面する労働法務を取り上げる。そのため，ここでは，労働法規の全体像を簡単に解説する。

1　法　律

　労働「法規」といったときに，日本にはいくつかの法律がある。その法律について分類して説明する。

(1)　雇用関係法（個別的労働関係法）

　雇用関係法（個別的労働関係法）とは，雇う側（使用者）と雇われる側（労働者）の関係について規定したものとして分類されるものをいう。具体的には，労働基準法，労働契約法，男女雇用機会均等法などがある。

　この中で，特に本書で参照される労働基準法は，企業が従業員を雇う上で最低限必要な条件を定め，労働者の保護を目的とし，雇用契約，賃金，労働時間，休日，有給休暇などについて規定したものであり，労働基準法に反する契約は原則として無効になる。また，刑罰や行政目的での行為の禁止や制限についても規定されている。

　なお，労働契約法も，雇う側と雇われる側との間の労働契約で守られなければならないルールを規定したものであり，この法律に反する契約も原則として無効になる。

(2)　集団的労働関係法

　集団的労働関係法とは，雇う側と労働組合との関係を規定したものをいう。具体的には，労働組合法や労働関係調整法がある。

(3)　労働市場法

　労働市場法とは，雇う側と雇われる側がお互いを探す労働市場について規定したものをいう。具体的には，労働者派遣法，職業安定法，雇用保険法，雇用対策法などがある。

(4)　その他

　その他にも，安全衛生や企業において従業員を雇用するうえでの注意点を規

定したものがある。具体的には，労働安全衛生法などである。

2　判例・裁判例

　どのような法律であっても，その法文の文言だけを読んでいては実際の事案に適用できないことがある。そのため，その文言の解釈を示した判例（最高裁）や裁判例（下級審）を調査する必要が出てくる。

　インターネットの判例検索で調査することも可能であるが，個別の論点ごとにまとめた各法律についての解説書を読むことで重要な判例・裁判例を調べることができる。最新の判例・裁判例を調査するには「労働判例」や「労働経済判例速報」などの雑誌を調査する方法も考えられる。

3　通　達

　通達とは，行政機関内部で上位機関から下位機関へ向けて公的な解釈・見解を示したものをいう。労務関係の通達については，主に厚生労働省から出されることが多い。

　通達は，企業や労働者にとって法的な拘束力はないが，実務の運用基準になるため，内容を調査する必要がある。

　通達には，「基発」（厚生労働省労働基準局長から各都道府県労働局長宛ての通達），「発基」（厚生労働省事務次官から各都道府県労働局長宛ての通達），「基収」（各都道府県労働局長からの法令の解釈上の疑義についての問い合わせに対する厚生労働省労働基準局長による回答），「基監発」（厚生労働省労働基準局監督課長から各都道府県労働局長宛ての通達）という種類がある。

4　ガイドラインおよびQ&A

　法律の解釈や法令が適用される具体例を記載するものとして，ガイドラインやQ&Aが出されているときは必ず確認する必要がある。厚生労働省のホームページで閲覧することができる。

【図表1−1】　労働法規の全体像

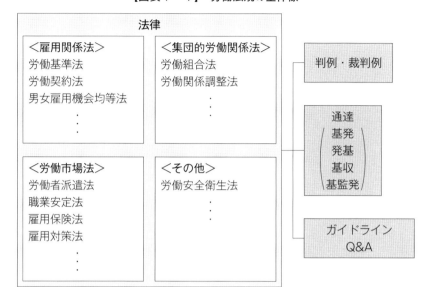

第2章

スタートアップに関する
採用・入社・雇用契約等

第1節 ｜ 採用活動・採用時

1　スタートアップにおける採用活動

　スタートアップ段階の採用活動においては，有名大企業のような社会的認知や信用性がないことが一般的である。そのため，経営者側の人脈等の採用ルートに依存することも多く，優秀な人材に対し，自社の魅力や風土を適切に情報伝達していく地道な努力が大切となる。

　採用活動には様々な方法が考えられるが，法律上注意を要する点もいくつか存在する。

2　従業員紹介によるインセンティブ制度

　この制度は，従業員に優秀な人材を紹介してもらった結果，採用に至った場合には，その従業員に対して報酬を支払うことにより，従業員経由の人材採用を主導する制度である。

　もっとも，このような制度については，職業安定法上の問題点に留意する必要がある。

　すなわち，「労働者の募集を行う者は，その被用者で当該労働者の募集に従事する者又は募集受託者に対し，賃金，給料その他これらに準ずるものを支払う場合（中略）を除き，報酬を与えてはならない。」（職業安定法40条）のである。職業安定法40条違反に対しては，6か月以下の懲役または30万円以下の罰金が科されるため注意すべきである（同法65条6号）。

　そこで，従業員紹介によるインセンティブ制度を導入するに際しては，就業規則等において，賃金制度の一環となるように明記し，支払いの条件や方法を規定した上で，賃金の対価としての性質を失った高額な金額とならないように調整・設計することが重要となる。例えば，賞与の査定の際に，従業員紹介の功績を反映させるような制度を設計する方法が考えられるであろう。

3　他社の人材（従業員）の引き抜き

　例えば，スタートアップに入社した従業員が，従前の就業先の元同僚に対し，自社への転職を勧誘した場合，勧誘行為は違法となるだろうか。個人の転職は自由があり，他社の従業員に対して転職の勧誘を行う採用活動が当然に原則として違法となるものではない。

　しかしながら，計画的かつ悪質な手段を用いる等，単なる転職の勧誘を超えて社会的相当性を逸脱した方法により，極めて背信的な方法で引き抜きを行った場合には違法と評価される場合があるため（東京地判平成3年2月25日労判588号74頁），通常の勧誘行為の範囲内での引き抜きに止めるように注意すべきである。

4　インターン採用活動

　大学生等が在学中の夏季休暇等において，一定期間，企業の研修生として働き就業体験を行う制度として，インターンシップ制度がある。インターンシップを募集している企業には大手企業からスタートアップまで様々な会社があり，学生としては，卒業後の自身の進路を見据え，就職活動の一環としてインターンに取り組む者も多い。企業側としても，優秀な学生を自社へ採用する活動の一環として機能している側面もあるであろう。

　注意点としては，仮にインターン活動を行う学生が労働法上の「労働者」（労働基準法9条）に該当する場合には，労働基準法その他の労働法規の適用を受けるため，企業側としては最低賃金の支払い等の労働法制上の義務を履行しなければならないことである。

　「労働者」とは，使用者にその「指揮監督下」で労務を提供し，その対価として賃金を得る者である。どのような場合に「指揮監督下」にあるかの判断要素としては，①仕事の依頼や業務従事の指示等に対する諾否の自由の有無，②業務遂行上の指揮監督の有無，③拘束性の有無，④代替性の有無が挙げられる。

　例えば，インターンの学生に対し，会社の従業員と同様の職業体験をさせる名目で，事業活動の遂行を指示したり，会社の内部規則の遵守を徹底していた

場合には，「労働者」に該当する可能性が高く，その場合は，労働法に基づき
給与の支払い等を行わなければならないであろう。反対に，従業員に対するイ
ンタビューや，就業現場の見学・質問会等，学生に対する学びの場を設定する
ことがインターンの主な活動内容であり，会社の事業活動へ参加させる度合い
が低い場合は，「労働者」に該当する可能性は低いといえるであろう。

5　採用時の健康診断の実施

　「常時使用する労働者」（労働時間が週30時間以上で，かつ，1年以上の雇用
見込みのある従業員）を雇い入れる場合には，従業員に対し，法律上の項目を
満たす医師による健康診断を実施しなければならない（労働安全衛生法66条，
労働安全衛生規則43条）。

　医師の診断のみならず，採用前の健康状態の事前調査は，必要な範囲で実施
すべきであろう。一般的に，採用面接に際して，例えば精神疾患の既往歴（病
歴）の有無について質問することは憚られると考える傾向にある。しかしなが
ら，そのようなメンタル面の病歴を知らずに雇用をし，雇用後の長時間労働を
きっかけに疾患が悪化したり，再発したりする等の事態が発生した場合には，
会社側が使用者責任や安全配慮義務違反などの損害賠償責任を問われるリスク
も存在する。そのため，口頭質問で直接的に確認することが難しい場合には，
採用面接時のチェックシートに記入してもらうこと等の方法により，従業員の
健康状態の確認を実施するべきであろう。

6　社会保険等への加入

⑴　社会保険とは

　社会保険とは，ここでは健康保険と厚生年金保険をいう。健康保険は，業務
外で発生した従業員の傷病の治療の際に適用される保険であり，厚生年金保険
は，老後における所得保障のための保険である。

　会社が法人の場合，適用除外者に該当しない限りは，人数に関わらず，すべ
ての従業員を対象として社会保険に加入する必要がある。パートタイマーやア

ルバイト従業員に対しても，所定の労働時間・日数の基準以上の場合には社会保険の適用対象となるため，対象者については年金事務所を通じて加入手続を行う必要がある。

⑵　雇用保険とは

　雇用保険は，従業員が失業した場合の所得保障を目的とする保険であり，在職中の育児や介護を理由とする休業の際にも適用となり得る。適用除外者を除き，原則としてすべての従業員が加入の対象となり，パートタイマーやアルバイトも同様にハローワークを通じて加入手続を行う必要がある。

⑶　労災保険とは

　労災保険は，業務遂行過程または通勤過程において傷害を負った従業員に対して適用される保険であり，1人以上の従業員を雇用した場合は加入する必要がある。パートタイマーやアルバイトであっても加入対象になるため，労働基準監督署において加入手続を行う必要がある。

7　アルバイトの採用

　スタートアップにおいても，アルバイトを採用する場面は多いことであろう。ただし，アルバイトも法律上は労働者であり，雇用契約を締結するものであることから，労働基準法や労働契約法等の関連法律が適用され，労働時間の管理，賃金の支払義務等の企業側に課される義務についても社員と同様の配慮が必要である。

　アルバイトの場合，社員とは異なり，簡単に雇用契約を終了できると誤解している経営者が多いが，解雇についても社員と同様の法律上の規制が設定されていることから（労働契約法16条），アルバイトの採用に際してもそのような点を念頭に入れて人材の取捨選択を行う必要がある。

　次に，正社員とは異なる点として，「短時間労働者及び有期雇用労働者の雇用管理の改善等に関する法律」（パートタイム労働法）の適用が挙げられる。

　すなわち，通常の社員に対して行う労働条件の通知のみならず，昇給，退職手当，賞与の有無，相談窓口について，アルバイトに対しても文書の交付により明示する必要がある（パートタイム労働法6条）。さらに，アルバイトから求めがあった場合，当該アルバイトの待遇の決定に際して考慮した事項を会社側が説明する義務があり（同法14条2項），正社員とは異なる会社側のこのような義務について留意する必要があるであろう。

第2節	内定・内々定

1　内々定の取消し

　採用の内々定とは，採用予定者が，正式に内定通知を受け取る前に，例えば，人事担当者から口頭で「内定が決まった」などと告げることをいう。

　一般に，内々定の段階では，雇用契約は未だ正式に成立していないものと考えられており，会社の採用予定者に対する内々定の取消しは比較的自由に認められているものの（福岡高判平成23年3月10日労判1020号82頁），内々定に至る事情次第では，労働契約の成立が認定され会社が損害賠償責任を負う場合があるため，注意を要する。

2　内定取消し

⑴　採用内定の取消しの基準（ルール）

　採用予定者が，面接等の試験に合格した結果，会社が採用内定通知を送付し，これに対して従業員が入社についての誓約書を会社の求めに応じて作成・提出した場合は，内定通知を送付した時点で会社による解約権を留保した雇用契約が成立する（最判昭和54年7月20日労判323号19頁）。

　そのため，採用内定が成立した後は，雇用契約の解消（内定契約の取消し）が認められる基準に合致しない限り，雇用契約を継続する必要がある。

　採用内定の取消しは，会社の留保解約権の行使であり，解雇の一種となる。

内定取消が認められるか否かについては，「解約権留保の趣旨，目的に照らして，客観的に合理的な理由が存在し社会通念上相当として是認することができる」かどうかという基準（ルール）に従って判断されている（前掲・最判昭和54年7月20日，最判昭和48年12月12日労判189号16頁）。

　例えば，「仮に，内定取消の理由（採用後に新たに判明した事情）を，採用する時点で会社が知っていた場合は，その従業員をそもそも採用しておらず，内定通知を出していなかったであろうと常識的に認められる場合」に，採用内定取消しが有効となるものと考えられる。

(2)　具体例
(i)　採用内定取消しが有効となる場合

　例えば，学校を卒業できなかった場合，必要な免許・資格を取得していなかった場合，健康状態が悪化して働くことが困難となった場合，履歴書の記載内容に重大な虚偽記載があった場合，刑事事件の被疑者・被告人となった場合は，仮に面接の際などに上記の事情が判明していれば，会社はそもそもその応募者を採用しなかった可能性が高い。したがって，上記の基準に照らし，このような理由による内定取消しは，有効となる可能性が高いであろう。

(ii)　採用内定取消しが無効となる場合

　採用内定時に既に判明していた事情や，採用内定時に会社側が十分に予想することができた事情を理由とする採用内定取消しは無効となる。

　また，単なる噂のように，取り消すだけの合理的な理由が認められない場合にも，内定取消しは認められないであろう（東京地判平成16年6月23日労判877号13頁）。

　履歴書に虚偽の記載がなされた場合であっても，悪質ではない場合であれば，内定取消しが無効となるケースもある。例えば，在日韓国人であることを秘密にして履歴書に事実と異なる記載をしたケースにおいて，内定取消しが無効と判断されている。

　健康状態について，身体の障害があっても業務上の支障が生じない場合，将来的に回復の見込みがある場合では，身体障害を理由とした内定取消しが認められない可能性が高い。

ⅲ　判断に迷うケース

　例えば，会社の経営状況の悪化を理由とした内定取消しは認められるであろうか。これについては，①内定を取り消さなければならないほどに会社の業績が悪化しているか，②内定取消しを回避するための努力を尽くしたか，③内定取消しの対象者の人選が合理的であるか，④取消しに至る手続の妥当性といった4つの要素を総合的に考慮して判断されている（東京地判平成9年10月31日労判726号37頁）。

⑶　内定取消しを行う場合の手続

　内定取消しの場合であっても，普通解雇と同様に，会社は解雇予告の手続を適正に行う必要があり，また，内定者の要求があれば，会社は，内定取消理由に関する証明書を発行する必要がある。

　新卒採用者の内定の取消しを行う会社は，ハローワーク等に予め通知しなければならない（職業安定法施行規則35条2項2号）。また，2年度以上連続して内定取消しをした場合，同一年度内で10人以上の内定者の内定を取消した場合，内定取消しの理由を十分に説明しない場合，会社側の内定者に対する対応が不十分な場合のいずれかに該当する時には，会社名が公表されてしまうリスクがあるため，注意を要する（同法施行規則17条の4第1項，平成17年厚生労働省告示第5号）。

3　内定取消し後の問題

　仮に採用内定の取消しが無効であると判断された場合，採用内定者には会社との間で雇用契約上の地位が認められ，その結果，会社側は雇用契約期間中の賃金請求を受ける可能性があり，違法な内定取消しに対しては損害賠償請求を

受ける可能性がある。違法な内定取消しの結果，内定者の失業期間が長期間に及んでしまった場合には，損害額が高額となってしまう場合もある。

4　スタートアップ側の姿勢

　会社側の一方的な内定取消しは，賃金の支払いや損害賠償を請求される等の紛争を引き起こしかねないし，近年，内定取消し企業への風当たりが強まっており，厚生労働省が行政指導を行う場合もある。したがって，スタートアップが内定取消しを行う場合は，内定者に対し企業の具体的な経営状況に関する事情説明を十分に行い，新たな就職先の紹介を行う等の誠意ある対応により，内定者の理解を得る必要がある。つまりは，内定者の不利益を最小限に抑えようとする企業側の姿勢が一番のトラブル防止となるであろう。

第3節　試用期間

1　試用期間とは

　試用期間とは，長期雇用を前提として採用される正社員の場合，本人の勤務態度，能力等の適性を見極め，本採用するか否かを決定するために設けられている期間のことを指す。

2　適切な試用期間

　試用期間は，職種や業務内容に応じた適切な長さを設定するべきであり，長すぎる期間の試用期間は無効と判断されるリスクがある（名古屋地判昭和59年3月23日労判439号64頁）。

　一般に，企業が採用する試用期間の長さは様々であるが，通常，3か月から6か月以内とする企業が比較的多いものと考えられる。

　試用期間を延長する場合，その根拠となる規定を労働条件通知書や雇用契約書，または就業規則に定めておくことが必要である。もっとも，これらに定め

たからといって無限定で延長可能となるものではない。延長が認められるためには，試用期間での労働契約を締結した時点では予見不可能な事情により，試用中の労働者の適性を判断できない場合等の合理的理由が必要となる。

　また，就業規則で定めた期間よりも，個別の労働条件通知書や雇用契約で定める試用期間の方が長い場合，就業規則の労働条件よりも不利な定めとして，就業規則で定めた期間を超える期間の部分は無効となる（労働契約法12条，労働基準法93条）。

3　有期雇用契約が試用期間と判断され得る場合

　例えば，雇用契約書において，1年の期間を定めて有期雇用契約を締結した場合，実質的には，その間に従業員の能力や資質を評価して，更新の有無を決定する場合がある。

　このような「使用者が労働者を新規に採用するに当たり，その雇用契約に期間を設けた場合において，その設けた趣旨・目的が労働者の適性を評価・判断するためのものであるときは，右期間の満了により右雇用契約が当然に終了する旨の明確な合意が当事者間に成立しているなどの特段の事情が認められる場合を除き，右期間は契約の存続期間ではなく，試用期間である」と考えられている（最判平成2年6月5日労判564号7頁）。

4　試用期間終了時の本採用拒否

　試用期間の終了時に，試用期間中の本人の能力不足・勤務態度，資質の問題性が発覚したことを原因として，本採用をしないという決定をして，雇用契約を終了させる場合がある。まず，試用期間終了時点において，本採用するかどうかについて，会社が自由に決定できるわけではないことに注意が必要である。試用期間中・仮採用中の従業員と会社との関係は，「解約権留保付労働契約」が成立しているものと考えられている（最判昭和48年12月12日労判189号16頁）。

　つまり，試用期間終了後，本採用を行うということは，本採用という新しい別個の雇用契約を結ぶものではないということである。逆に言えば，本採用を

拒否することは，法的には，既に結んだ雇用契約を終了させることを意味するものである。したがって，本採用の拒否は，一種の解雇に該当する行為であって，本採用拒否の場面では，解雇に関する労働法上のルールが妥当する。

　試用期間終了時の本採用拒否は，会社による留保解約権の行使であって，「解約権留保の趣旨，目的に照らし，客観的に合理的な理由が存し社会通念上相当として是認されうる場合にのみ許される」という基準が適用される（前掲・最判昭和48年12月12日，最判平成 2 年 6 月 5 日労判564号 7 頁）。

　ここで，試用期間を設定する趣旨，すなわち，解約権を留保する趣旨は，採用当初において従業員の資質や能力に関する資料を十分に集めることができないため，後日の調査や観察に基づく最終的決定を留保するためであると考えられている（東京地判平成24年 8 月23日労判1061号28頁）。

　もっとも，裁判実務としては，解雇に比較すると，相当ゆるやかに留保解約権の行使を認めていると考えられる。ただし，資質や能力の不足を理由とする留保解約権の行使については，能力不足等を客観的に証拠から認定できる必要があり，また，能力不足等の程度が大きい場合に限定していると思われる。

　さらに，新卒での採用者の場合には，採用後に指導教育を行うことが一般的に予定されていることから，単なる能力不足を理由とした本採用拒否は非常に難しいといえるであろう。過去の裁判例においても，能力不足については，会社側の指導教育の不足に責任があるとされ，本採用拒否が違法と判断される事案も多い。

　そこで，試用期間中における会社の指導教育の実施が特に重要となる。たとえ会社側が，試用期間中の従業員のことを能力不足であるとか勤務態度不良であると判断したとしても，指導教育を行い，繰り返し注意をしたにもかかわらずパフォーマンスや態度が改善されなかったという事実が，客観的に誰の目にも明らかであることを，事後的に証明できる必要がある。

　この点について，就業規則において，本採用拒否の場合の事由を一般的に定めておくことが考えられる。例えば，「正当な理由のない欠勤，遅刻，早退を繰り返し，改善の余地が見られないとき」，「勤務態度，業務遂行能力に問題が

あり，社員として適格性がないものと会社が判断したとき」等に本採用を拒否できる旨の規定である。

　しかしながら，このような記載の就業規則を設けるだけでは不十分であり，採用時・入社前において，試用期間とする当該従業員に対し，就業規則の規定を事前に説明し，「このような場合には本採用が拒否されます。」と説明した上で，勤務態度等に問題があればその都度上司が本人に改善してほしい点をしっかり伝達することが重要である。定期的な面談は勿論，個人面談シートを作成することや，場合によっては，具体的な指導項目を記載した書面を交付することも有効である。すなわち，試用期間中は日頃から，当該従業員に対して指導した人物，日時，具体的な指導内容等に関する言動について，会社として記録を作成・保存しておき，本採用拒否を正当化できるだけの証拠を確保しておくべきである。

5　一定の専門性を前提として採用した場合

　採用時に，一定の専門的知識，経験，資格があることを前提に試用期間が設定された場合もあるであろう。そのような場合は，雇用契約書等において，専門性を前提に採用した旨を明記するべきである。

　この場合，試用期間中にそのような専門性がなかったことが明らかになった場合は，そのような専門性を要求しない場合と比較すると，本採用拒否が認められやすい傾向にあるといえる（東京地判平成21年8月31日労判995号80頁）。

6　その他の注意点

　試用期間中の従業員の勤務が試用開始から14日間を超えた場合において，当該従業員の試用期間中の本採用拒否をする場合には，30日前に解雇予告をするか，即時解雇をする場合には30日分以上の平均賃金を払う必要がある（労働基準法20条・21条4号）。

　また，後日，能力不足を理由とした本採用拒否をする場合には，そのような能力不足を客観的に明らかにするために，試用期間中，従業員に対する業務遂

行の指示・命令は具体的に行う必要があり，当該従業員がそのような指示・命令を適切に実践できたか否かを観察し，記録に残しておくべきである。

　さらに，試用期間を設定した以上，試用期間終了前の途中での本採用拒否には慎重となるべきである。試用期間が満了していない場合は，残りの期間で業務適格性を判断できる可能性があるという理由で，留保解約権の行使が無効と判断されてしまうリスクがあるからである。もっとも，明らかな経歴詐称や専門資格の詐称があった場合には，途中での本採用拒否も有効となる場合が多いであろう（前掲・東京地判平成21年8月31日）。

第4節　労働条件通知書・雇用契約書の作成

1　書面作成の重要性

　スタートアップにおいても，従業員との間で雇用契約を結ぶに際して，労働条件通知書や雇用契約書を作成することは重要である。従業員との間で雇用契約を締結した後に従業員の問題が発覚した場合，会社側が解雇等によって雇用契約を解消することは一般的に容易なことではない。従業員を雇用することは，会社と従業員との間の契約の一種であり，後日のトラブル防止のために，雇用契約を締結する時点で，労働者の適性を審査，把握し，契約の内容を書面の形で証拠化しておくことがリスクコントロールの観点から重要である。

　したがって，スタートアップを支える大切な人材である従業員とのトラブルを避けるためにも，従業員を雇い入れる段階で，契約内容を明確に取り決め，しっかりと証拠化しておくべきであろう。

　また，雇用契約の締結に際しては，従業員の経歴をしっかりと審査しておくことも重要である。中途採用者の場合は，それまでの職歴から従業員の適性に関する情報を把握することができるため，新卒採用よりも経歴の審査を綿密に行うことが重要であろう。審査にあたって，職務経歴書の提出を求めることが一般的であるが，会社独自の定型書式を使用した経歴書の提出を求めることを

お勧めする。申込者自身に職務経歴書の提出を任せてしまった場合，都合の悪い事実を隠蔽するリスクがあるためである。

2　労働条件の決定・通知
⑴　労働条件を具体的に定めること

　従業員の採用において，賃金，労働時間，休日等の基本的な労働条件を具体的に決定しなければならないが，勤務地および職種等についても，当該従業員の役割に応じて限定するか否かを決定しておくべきであろう。

　また，求人票や募集要項で記載した内容と，実際の労働条件が異なる場合には，変更された内容を従業員に説明しなければならないし，就業規則で定める労働条件よりも不利な労働条件は無効となるため（労働契約法12条・最低基準効），就業規則で定める労働条件を下回ることがないように注意しなければならない。

⑵　従業員に明示しなければならない事項

　使用者は，従業員との間で雇用契約を締結するにあたり，以下の事項（労働条件）を明示しなければならない（労働基準法15条）。原則として書面で明示することが必要である（労働基準法施行規則5条4項）。

---

① 契約の期間，就業場所，従事する業務の内容
② 始業時刻，終業時刻
③ 賃金に関する事項
④ 退職，退職手当に関する事項（解雇事由を含む）
⑤ 賞与等に関する事項
⑥ 労働者に負担させるべき作業用品等に関する事項
⑦ 安全および衛生に関する事項
⑧ 職業訓練に関する事項
⑨ 災害補償および業務外の傷病扶助に関する事項
⑩ 表彰および制裁に関する事項
⑪ 休職に関する事項

⑶　労働条件通知書・雇用契約書の作成

　以上の労働条件を従業員に通知するために，会社は，労働条件通知書という書面を作成・交付するのが通例である。ただし，労働条件通知書は，文字どおり「通知」したことを示す書面である。従業員が，通知された労働条件に「合意」していることを書面化するために，雇用契約書を作成しておくべきである。「労働条件通知書兼雇用契約書」というタイトルにしてセットで書面化することも考えられる。

　雇用契約書（労働契約書）は，会社が個々の従業員との間で労働条件について合意した契約書のことをいう。雇用契約は口頭（口約束）でも有効に成立するものであり，雇用契約書を作成するか否かは自由であるが，後日の従業員との労働条件に関する紛争の防止のため，是非とも作成するべきである。

3　就業規則の定めがある場合の雇用契約書

　就業規則がある場合は，雇用契約書において，従業員一般の服務に関するルールや懲戒事由，処分内容については，就業規則に従うことを定めればよいため，労働契約書に労働条件をどれだけ網羅的に記載するべきか否かについては，会社に就業規則があるか否かによるということになる。就業規則については本章第5節において詳述する。

4　有期雇用契約の場合

　有期雇用契約の場合，契約期間の満了時に，契約の更新について従業員との間でトラブルとなるケースが見られる。トラブルの一因としては，従業員を雇用する際に，更新の可否に関する条件や会社の見解を明確に伝えていないことが挙げられる。

　この点について，会社側は，雇用に際して，更新についての判断基準を定め，雇用契約時に従業員に明示するように努めるべきであり，仮に，更新するかどうか決まっていない場合は，従業員に更新の期待を抱かせないように，契約時の発言には十分に注意をすべきである。万が一更新を期待させる言動をした場

合，契約期間満了時の雇止めが認められず（労働契約法19条2号），無期雇用への転換となるリスクがある（同法18条）。例えば，入社時に，「勤続年数を重ねれば給与が増える」旨を漫然と伝えたような場合が挙げられるであろう。

第5節　就業規則の作成

1　就業規則の位置づけ

　就業規則は，当該スタートアップでの労働に従事する従業員に対して一律に適用される基準，ルールを定めたものである。スタートアップの従業員が増えていくと，組織マネジメントを効率的に行い，会社の秩序を維持する観点から，従業員相互に通用するルールを取り決め，明示することが必要かつ有益である。

2　就業規則の作成は義務か

　スタートアップが従業員を雇用するにあたり，就業規則は必ず作成しなければならないものなのであろうか。

　「常時10人以上の労働者を使用する使用者」については，就業規則の作成義務があり，行政官庁に届出なければならないものとされている（労働基準法89条）。逆にいうと，常時使用する労働者の数が10人未満であれば，法律上は作成しなくてもよいということになる。もっとも，就業規則には，会社における従業員のルールブックとして機能するものであるから，従業員10人未満のスタートアップにおいても，作成しておいた方がトラブル防止に役立つ側面があるだろう。

3　就業規則と雇用契約との関係

　仮に就業規則を定めた場合には，就業規則には最低基準効という効力（労働契約法12条）がある。すなわち，就業規則は，従業員全員に適用・通用する一律的な最低基準・最低ルールであり，就業規則よりも従業員に不利な労働条件

を雇用契約で定めた場合は，不利な条件については無効となり，就業規則の定めが優先されることとなる。

　そのため，後々になって，就業規則の内容よりも従業員を賃金等の労働条件で不利に取り扱わなければならない事態が発生した場合，かえってトラブルになるケースもあることから，作成にあたっては弁護士等の専門家による助言を受けることが有益であろう。

4　就業規則の内容
(1)　記載することが必要な項目（労働基準法89条）
(i)　必ず定めなければならない項目（絶対的記載事項）

　労働基準法によって，就業規則に必ず定めなければならない項目は，以下の通りである。

---

①　労働時間，休日，休暇に関する事項
②　賃金に関する事項
③　退職，解雇に関する事項

(ii)　適用がある場合には定めなければならない項目（相対的記載事項）

　次に，当該スタートアップにおいて適用がある場合に定めなければならない項目は，以下の通りである。

---

④　退職金に関する事項
⑤　賞与などの臨時の賃金，最低賃金に関する事項
⑥　食費や作業用品などの費用負担に関する事項
⑦　安全衛生に関する事項
⑧　職業訓練に関する事項
⑨　災害補償，業務外の傷病扶助に関する事項
⑩　表彰，制裁に関する事項
⑪　その他従業員のすべてに適用される規定に関する事項

⑵　必ずしも記載しなくてもよい項目（任意的記載事項）

　例えば，企業理念，就業規則の目的，規則の解釈適用の指針，社宅や社内貸付制度等の福利厚生事項等については，必ずしも就業規則に定めることを要しないものの，スタートアップそれぞれに特有の項目として，規定することが望ましい場合もあるであろう。規定した場合は，従業員との労働契約の一内容となるため，最低基準を下回って個別の従業員に対して不利益に変更することはできないことにご注意頂きたい。

5　就業規則の作成方法・手続
⑴　はじめて作成する場合

　はじめて就業規則を作成する場合，書籍やネット上のテンプレートの利用や，厚生労働省の WEB サイトのモデルフォームの利用が検討対象に上るだろう。そのような雛形について，基本的な形式や項目については自社と共通する部分が多い場合，参考書式をベースに就業規則の作成を開始すること自体は問題ない。

　しかしながら，雛形のすべてが，必ずしも，当該スタートアップ特有の実態を反映しているとは限らないであろう。実態について反映されていない就業規則では，形骸化したものと判断され，後日トラブルが発生した場合にスタートアップ側に不利に判断されるリスクも否めないため，専門家の助言を得つつ，可能な限り当該企業の実態に即した就業規則の作成を試みるべきであろう。

⑵　必要な手続
⒤　手続の流れ

　また，就業規則のモデルフォームを作成しただけで手続が完了するわけではない。法律上の手続としては，①従業員への意見聴取（労働基準法90条），②労働基準監督署への提出（同法89条），③従業員への周知（同法106条1項）が必要である。

(ii)　従業員への周知

　特に，③従業員への周知について，就業規則が個別の従業員との雇用契約の内容として有効と認められるためには，「労働者及び使用者が労働契約を締結する場合において，使用者が合理的な労働条件が定められている就業規則を労働者に周知させていた場合」に限られるため（労働契約法7条），このような周知がされていない場合は，せっかく就業規則を作成しても有効とはならない。

　ここで，周知とは，従業員が，就業規則の内容を確認する必要が発生した場合，容易に就業規則の内容に到達できる状態のことを指す。具体的には，就業場所に掲示する方法，個別に従業員へ書面で交付する方法，従業員全員がアクセス可能なイントラネット上に掲載する等の方法が挙げられる。

6　就業規則の変更

　例えば，スタートアップの発展と共に，企業の構成や文化も同じくして変化した結果，現在の会社の実態に照らすと，過去に作成した就業規則の内容が不適当となる場合がある。その場合，現在のスタートアップの実態に適するように，就業規則の内容を改訂・変更する必要があるであろう。

　この点について，会社は，一方的に，就業規則の内容について，従業員に不利益な内容へと変更することはできないのが原則となる（労働契約法9条）。

　そこで，就業規則の変更に際しては，従業員の過半数を代表する者らへの意見聴取（労働基準法90条1項）を行い，従業員のコンセンサスを得ることが必要となる。その後，変更後の就業規則の労働基準監督署への提出が必要となること（同法89条1項）は，就業規則の作成の場合の手続と同様である。

　しかしながら，スタートアップの発展により，多数の従業員が参画する企業へと成長したような場合にも，常に上のような手続を要求することは，硬直的である。

　そのため，労働契約法10条では，①変更後の就業規則の周知，②変更の合理性（労働者の受ける不利益の程度，労働条件の変更の必要性，変更後の就業規則の内容の相当性その他の事情に照らして合理的であるとき）の条件を満たす

場合は，変更後の就業規則に定めた労働条件への変更が認められている。

　就業規則の労働条件を従業員に不利に変更する場合の条件については，第6節において詳述する。

第6節　労働条件の変更

1　不利益な内容への変更

　スタートアップにおいても，従業員との間で一旦締結した労働条件を，企業の成長過程に伴い，有利あるいは不利に変更する必要が生じる場面は多々あるであろう。

　このとき，有利な条件へと変更することについて，従業員との間で紛争が発生することはあまり多くないだろう。問題となるのは，従前よりも不利な内容へと変更する場合である。

　このような労働条件の不利益変更については，従前の労働条件よりも不利な内容の労働条件となるものであるから，従前の労働条件の内容をまずは確定し，これよりも不利益な内容か否かを判断するプロセスを経ることとなる。

　例えば，従業員の給与を減額する等，従業員にとって不利な労働条件の変更については，原則として当該従業員の同意を得ることが必要であろう。以下では，労働条件の不利益変更を行う3つの場合として，個別同意の取得，就業規則の変更，労働協約の締結について概観する。

2　従業員の個別同意による不利益変更

　まず，適法に不利益変更を行う場合は，当該従業員の同意を得る方法を試みることが原則であり，個別に同意をした従業員に対しては，労働条件の不利益変更の効力が及ぶこととなる（労働契約法8条・9条本文）。

　ここで，従業員の個別同意を得るに際しては，以下の点に注意を要する。

(1)　就業規則の確認

　まず，就業規則の内容を確認し，就業規則の基準を，個別同意をする予定の
条件と同等か，それ以下に予め変更しておく必要がある。なぜならば，就業規
則で定めた基準以下の労働条件を個別に同意したとしても，就業規則の最低基
準効（労働契約法12条）により無効となるからである。

(2)　同意が従業員の自由な意思に基づくこと

　この点について，労働条件の不利益変更について，従業員による有効な意思
表示となるためには，自由な意思による同意であることが必要とされる（最判
昭和48年 1 月19日民集27巻 1 号27頁）。

　そのため，従業員の個別同意を得る際には，不利益変更せざるを得ない理由
を丁寧に説明するべきであり，会社の説明について，従業員が十分に理解，納
得するように努めるべきである。ここで，従業員が同意するかどうかを判断す
るために，必要かつ十分な情報を与えられることが重要であると考えられてお
り，変更の必要性等の情報提供や説明のみでは不十分であって，従業員に生じ
る具体的な不利益の内容や程度についても，情報提供の上，説明すべきである
（最判平成28年 2 月19日労判1136号 6 頁）。

　また，不利益変更に同意するか否かを考慮するために十分な期間を与えるこ
とや，同意しない場合に従業員に不利益を与えるような言動を行わないことも，
自由な意思による同意を得るためにポイントとなる要素と考えられる。

(3)　合意の内容が強行法規に違反しないこと

　たとえ従業員の同意があったとしても，変更後の合意の内容がいわゆる強行
法規に違反する場合は，合意自体が無効とされてしまうため注意が必要である。

　例えば，労働時間，休憩，休日等に関する労働基準法上の基準（第 4 章）を
下回る内容の合意は無効となる（労働基準法13条）。また，従業員の債務不履行
の場合における違約金等を予め定める合意（同法16条），労働を条件とする前
貸しや給与天引き返済の合意（同法17条），金銭の積立を強制する合意（同法18

条）も強行法規違反として原則無効となる。

(4)　同意を書面で取得すること

　以上の点を踏まえ，従業員が労働条件の不利益変更に同意した場合，同意した事実を証拠化し，後日の紛争（当該従業員が後日「同意をしていない」等と前言を翻して争ってくる場合）に備えるために，労働条件変更に関する従業員の署名押印による「同意書」を取得しておくべきであろう。同意書に記載すべき事項としては，①労働条件の変更内容（変更前・変更後それぞれの具体的内容），②当該従業員が①を同意する旨の文言，③変更の内容および変更理由について十分な説明を受けており当該従業員が理解している旨の文言，④労働条件の変更日，⑤変更内容の適用開始日等が挙げられる。

3　就業規則の不利益変更

(1)　個別同意を得る場合との比較

　次に，本章第5節「就業規則の作成」で述べた通り，会社は，従業員の同意なく就業規則を不利に変更することはできないのが原則である。ただし，例外として，不利益変更に合理性がある場合には，同意のない就業規則の変更も有効となる場合がある（労働契約法9条ただし書・10条本文）。もっとも，就業規則の不利益変更は，従業員の個別の同意を得ることと比較して，有効となる条件が厳しく，言い換えれば，後に紛争が発生した場合，事後的に無効と判断されるリスクも大きい。

　そこで，原則通り従業員の同意を得ることの方が望ましいと考えられるが，やむを得ず就業規則の不利益変更を行う場合に注意するべき点としては以下が挙げられる。

(2)　就業規則の不利益変更のための条件・手続

　従業員による個別同意がない場合に，①就業規則の変更に関する合理性および②変更後の就業規則の周知性の2つの条件を充たす場合は，同意していない

従業員に対しても，不利益変更した後の就業規則に基づく労働条件の変更が認められる（労働契約法10条）。

(i) 就業規則変更に関する合理性

就業規則の変更について，合理性が認められるか否かの判断にあたっては，①従業員の受ける不利益の程度（従業員側の事情），②労働条件変更の必要性（会社側の事情），③変更後の就業規則の内容の相当性（不利益変更の代替措置や他の労働条件の改善に関する事情），④労働組合等との交渉経緯等の諸事情が考慮される。

(ii) 就業規則の従業員に対する周知

就業規則の具体的な周知方法としては，以下の方法が挙げられている（労働基準法106条1項，労働基準法施行規則52条の2）。もっとも，前述の通り，従業員全員がアクセス可能なイントラネット上に掲載する等の方法も認められている。

---

① 各作業場の見やすい場所へ常時掲示し，または備え付けること
② 書面を労働者に交付すること
③ 磁気テープ，磁気ディスクその他これらに準ずる物に記録し，かつ，各作業場に労働者が当該記録の内容を閲覧できる機器を設置すること

(iii) その他の手続

① 意見聴取手続

労働者組合（過半数で組織する労働組合がある場合），労働者代表者（そのような労働組合がない場合にはその事業場で働くすべての労働者の過半数を代表する者）の意見を聴く必要がある（労働基準法90条）。

② 労基署への提出

変更後の就業規則を労働基準監督署へ届出することが必要となる（労働基準

法89条）。

4　労働協約による不利益変更

　スタートアップの場合，労働組合が存在するケースは多数ではないと考えられるが，労働組合と会社との個別の労働協約によって，労働条件が変更される場合もあり得る。

　ここで，労働協約とは，労働組合と会社との間の労働条件に関する合意一般のことを指し（労働組合法14条），労働組合が従業員に不利益な条件へと変更することについて会社と合意書面を作成した場合に効力が発生する。

　この場合，原則として，協約を締結した労働組合の組合員に対してのみ効力が生じるものであり，当該労働組合に所属しない従業員に対しては効力が発生しない（例外として，4分の3以上の従業員が所属する組合が存在し，その組合と会社との間での労働協約が締結されると，組合員以外の従業員にも効力が発生する場合がある（労働組合法17条））。

第7節　退　職

1　はじめに

　スタートアップにおいても，従業員の能力不足や会社とのミスマッチ等を理由として，従業員が会社を退職する場面は少なくない。

　従業員の退職，すなわち，会社と従業員との雇用契約の終了の場面においては，大別すると，①従業員側の一方的意思による退職，②会社と従業員との合意による退職，③有期雇用期間の満了による退職，④会社側の一方的意思による退職（解雇）が挙げられる。このうち，④解雇については，第6章において詳述することとし，本節では，それ以外の退職に関連する項目について概観する。

2　従業員側の一方的意思による退職（辞職）

(1)　辞　職

　辞職とは，従業員の一方的意思表示による退職である。辞職については民法に規定されており，民法627条によれば，期間の定めのない雇用契約の場合，各当事者はいつでも解約の申入れをすることができる（もちろん，会社側からの解約の申入れは労働法規により制限されている）。この場合，従業員の解約の申入れから2週間を経過することで，雇用は終了する（民法627条1項）。

　すなわち，従業員はその一方的意思表示により，雇用契約を中途解約することが可能である。辞職は，会社の同意がなくとも，辞職の意思表示（例えば辞職届の提出）をした日の翌日から数えて2週間が経過した時点で退職の効力は発生する。なお，辞職の撤回は原則としてすることができない。

(2)　依願退職

　辞職に対して，依願退職は，従業員から会社への退職の申入れである。あくまで申入れであるため，会社の同意がない限り，退職の効果は発生せず，そのため，辞職とは異なり，会社が退職に同意するまでの間，従業員は，退職の申入れを撤回することができる。このように，辞職の場合には従業員からの撤回が認められず，依願退職の場合には認められるという差異がある。そのため，後述する退職勧奨の場面において，従業員が退職勧奨に応じて退職に同意した場合には，「辞職届」のように，従業員による明確な辞職の一方的意思表示が記載された書面を作成することが望ましいであろう。

(3)　辞職をめぐるトラブルを避けるために

　辞職の意思表示が有効であるか否かがトラブルや紛争になる場合もある。

　辞職する意思がないのに退職届を提出した裁判例，退職しなければ懲戒解雇されるものと誤解して辞職の意思表示をした裁判例も存在し，辞職や合意解約の効力が争われ，訴訟において従業員が従業員の地位にあることの確認を求める訴訟を起こす場合もある。

例えば，退職予定の従業員が突然辞めないと言い出してトラブルになるケースもあるため，辞職する従業員に，「退職届」を作成（署名・押印）してもらい，退職日や退職の意思表示について証拠化することが重要である。退職届のフォーマットを会社側で用意しておき，退職する従業員には必ず記載してもらうように運用しておくとスムーズであろう。

3　会社と従業員との合意による退職（合意退職）

(1)　合意退職とは

合意退職は，従業員が退職することについて，会社と従業員の双方が合意する形式による雇用契約の終了である。合意が成立した場合は，後日の紛争防止の観点から，退職の条件等について記載した「退職合意書」を作成するべきである。

合意退職が主に問題となる場面としては，リストラ等による退職勧奨が挙げられる。

(2)　退職勧奨

(i)　会社が退職勧奨を行う場合

退職勧奨とは，一般に，会社が従業員に対し，自主的な退職を（強制にわたらない限度で）求める行為をいう。退職勧奨自体は一律に禁止されるものではなく，業績不振等のためにやむを得ず行う企業はスタートアップに限らず存在する。

また，会社が退職勧奨を行う場合としては，従業員のパフォーマンスが予期に反して芳しくなかった場合などが挙げられるが，スタートアップにおいては，会社の立ち上げからアーリーステージ段階の数年間は，新卒よりも業界経験のある者を採用することで，戦力を増強していく企業も多いものと考えられる。

そして，予期に反して中途採用者の能力がマッチしていなかった場合には，スタートアップ側としては，能力不足の従業員には辞めてもらって，新たな戦力となる人材の採用をしたいと考えることもあろう。

　しかしながら，仮に会社が，その一方的意思により従業員を解雇した後に解雇の有効性について争われた場合，裁判や労働審判によって解雇が有効と判断される可能性は決して高くはないのが実務上の趨勢である。

　そのため，まずは，能力不足の従業員に対して充実した改善指導を行い，それでも改善しない場合にはやむなく退職勧奨を行うという流れが紛争リスク防止の観点から相当である。

(ii)　退職勧奨が違法となる場合

　従業員が退職勧奨に応じたとしても，退職勧奨の態様や具体的な状況から，はたして従業員の自発的な意思決定であったのかが問題となる場合がある。

　退職勧奨が違法となるのは，退職勧奨の態様が，退職に関する従業員の自由な意思形成を促す行為として許容される限度を逸脱し，従業員の退職についての自由な意思決定を困難にするものであると認められる場合とされている（東京高判平成24年10月31日労経速2172号3頁）。例えば，退職勧奨自体に合理的な理由がなく，かつ，従業員が退職勧奨を拒否しているにもかかわらず，長時間にわたり，閉鎖的な場所において，不穏当な発言で退職勧奨が執拗に行われたような場合には，違法であると判断される可能性が高い。裁判例では，十数回にわたる呼出し，1回あたり最大2時間にわたる退職勧奨について違法と判断されたケースがある（最判昭和55年7月10日労判345号20頁）。

　また，退職勧奨の方法・程度がエスカレートし過ぎたために，従業員の自由意思，名誉等の人格的利益を侵害した場合には，会社が損害賠償責任を負う可能性がある。裁判例においても，退職拒否の意思を明確にした従業員に対する執拗な退職勧奨を違法とした例がある（東京地判平成23年10月31日労判1041号20頁）。

　そのため，退職勧奨を行う場合には，時と場所，タイミング，勧奨のプロセスや言葉遣い等について，具体的な発言内容を証拠化する点も含めて綿密に検討しておくことが重要であり，従業員の心理に十分に配慮することが重要といえる。

退職勧奨については，第6章第3節において詳述する。

4　有期雇用期間の満了による退職

(1)　有期雇用

　人材採用に充てられる資金に余裕が無いスタートアップにおいては，まずは契約社員として採用し，企業への適性を評価した後に，期間の定めのない正社員として採用するというプロセスを経る企業も多いことであろう。

　期間の定めのある有期雇用契約の場合，期間満了に伴い契約を終了することができる。無期雇用（契約期間の定めのない雇用契約の場合）の正社員とは異なり，契約期間の定めのある有期雇用については，期間満了時に契約の更新をしない場合には，会社と契約社員との間の雇用契約は終了する。

(2)　契約社員の更新時に注意するべき規定

　以下の2つの場合，契約社員（有期雇用契約の従業員）の有期雇用を終了させることができない（契約の更新が必要となる）ことに注意が必要である（労働契約法19条）。

---

①　過去に有期雇用契約が反復更新された場合であって，雇用契約の終了（雇止め）が無期雇用契約の解雇と社会通念上同視できると認められる場合
②　有期雇用契約の従業員が，契約期間の満了時に，契約が更新されるものとの合理的な期待があったと認められる場合

---

(3)　正社員への転換

　有期雇用社員との間で，有期雇用契約を反復継続して締結した結果，全体の期間が5年を超えた場合は，その契約社員との雇用契約は，無期限のものへ転換され（労働契約法18条），正社員と同様の契約期間となる。

5　退職時の競業避止特約の締結

⑴　締結の際の注意点～特約が有効となるためには～

　従業員の退職に際して，退職後の競業行為を阻止したい場合，退職従業員との間で，競業避止に関する特約を締結することがある。スタートアップの場合も，従業員が退職して競合他社に転職し，在職中に知ったノウハウや顧客情報を利用して自社の利益が害されることを防ぐために，競業禁止特約を締結したいと考える場合もあるであろう。

　このような特約は，競業行為の制限に合理性が認められる場合は有効と考えられている。もっとも，退職後の競業行為を制限する特約は，退職従業員の職業選択の自由（憲法22条1項）を制限し，生活に対する影響を与えることが少なくないため，裁判例では，合理性の有無について慎重に判断される傾向にある。合理性がないものと判断されると，特約は公序良俗（民法90条）に反して無効とされる。

　合理性が認められるか否かについては，①退職従業員の退職時における役職や地位を踏まえ，②競業禁止期間，③禁止される業種・競業行為の具体的内容，④競業禁止地域を限定すること，⑤代償措置として金銭の支払いを取り決めること等の諸事情を総合的に考慮することで判断される（奈良地判昭和45年10月23日労経速745号4頁，大阪高決平成18年10月5日労判927号23頁，東京地判平成12年12月18日労判807号32頁参照）。そこで，競業禁止特約を締結する際には，競業禁止期間をできる限り短い期間とすること（1年以内程度が望ましい），競業を禁止する業種や職種を具体的に特定すること，競業禁止の程度に応じた代償金の支給をすることを検討すべきである。

　反対に，競業行為を制限する特約について，退職後の競業を「一切行わない」とするような包括的な文言の特約については，合理性を欠くものとして無効と判断される傾向にあるため，注意が必要である。

⑵　退職従業員が競業避止の特約に違反した場合

⑴　競業行為の差止請求

　競業禁止特約の違反が認められる場合，特約の存在を理由に，退職従業員に対して，競業行為の差止めを請求することができる。ただし，請求が認められるためには，従業員の競業行為によって会社の利益が現実に侵害され，または，侵害される具体的なおそれがあることが必要であり（東京地決平成7年10月16日），裁判例上は慎重に判断されている。

　実際には，いきなり元従業員に対して訴訟を提起することは現実的ではなく，まずは内容証明郵便等の形式で警告をすることが多いであろう。場合によっては，元従業員が現在所属する会社に対しても，競業禁止違反の点に関する注意喚起のための書面を送付することも考えられる。

⑵　退職金の不支給

　会社の就業規則や雇用契約書において，退職後に競合他社に就職した場合には退職金を支給しないと規定する場合がある。このような退職金不支給は，労働の対償（功労報酬的対価）を失わせることが相当なほどに背信性が顕著である場合に限り有効と考えられている（名古屋高判平成2年8月31日労判569号37頁）。

⑶　特約を締結する方法

　競業禁止特約を締結する方法としては，会社の就業規則に規定すること，当該従業員の採用時に取り交わす雇用契約書に規定すること，退職時に合意書や誓約書を作成することが考えられる。この点について，従業員が会社との間で円満に退職するケースであれば，退職時に書面を作成すればよいが，実際には円満退職とならずに退職時に書面を取り交わすことが困難な場合も存在する。そのため，退職後の競業禁止を見据え，採用時の段階で予め従業員と取り交わす書面において，退職時の特約について明記しておくことが望ましいであろう。

6　秘密保持義務に関する特約

　会社のノウハウ等の秘密情報の流出を防止するために，従業員に退職後も秘密保持義務を負わせる特約を締結することが考えられる。このような特約についても，秘密の対象となる情報が過度に広範である場合には公序良俗（民法90条）に反して無効と判断されるリスクがあるため，秘密保持の必要性や合理性を踏まえて，対象となる秘密情報をできる限り特定して特約を締結する必要がある。

第３章

スタートアップにおける
雇用契約と業務委託契約

| 第1節 | 雇用契約と業務委託契約（概要） |

　他者に仕事を依頼したり，依頼を受けたりする場合によく受ける質問の一つに，契約は雇用にすべきか業務委託にすべきか，というものがある。雇用契約は非常に身近な契約類型でありイメージしやすい。他方で業務委託契約と言っても内容は多岐にわたり，その性質によって適用される法条が異なる場合があるため，適切な類型を選択する必要がある。

　雇用と業務委託の最も大きな違いは，仕事を依頼されている当事者が雇い主（使用者）または依頼主（委託者）の指揮監督下にあるか否かである。つまり，雇用契約を締結していれば，指揮監督関係があるから仕事の進め方についてあれこれと指示して思い通りに動いてもらえるし，業務委託契約であれば，指揮監督関係にないことから納期に成果物を納品すればその過程は問われないということになる。

　ほかに雇用と業務委託の相違点として，雇用契約は一度締結すると使用者から一方的に解除することが困難であることが挙げられる。一定の契約期間を定めた有期雇用契約であっても，期間満了時に更新しない場合に，合理的な理由が必要となることがある（いわゆる「雇止め」の問題）ため，雇用契約を締結する際には慎重な検討を要する。

　雇用契約・業務委託契約はそれぞれどのようなものか，契約締結に際してどのような点に留意する必要があるのか，以下で解説する。

| 第2節 | 雇用契約 |

1　雇用契約とは

　雇用契約は，民法623条において，「当事者の一方が相手方に対して労働に従事することを約し，相手方がこれに対してその報酬を与えることを約する」も

のとされている。雇用契約によって「労働に従事する」ことになった者は「労働者」として，労働基準法を始めとする労働法規の適用を受ける。このような労働法規の一つに，労働契約法というものがあるが，ここでいう「労働契約」は雇用契約と同義と考えて差し支えないため，本章では，雇用契約が労働契約に当たることを前提として説明をしていく。

2　雇用契約を締結すると

　雇用契約を締結すると，使用者は労働者に対し就業規則を遵守させ，かつ使用者の指揮監督下で労働を行わせることができる。他方で，契約当事者はそれぞれ「使用者」と「労働者」という立場になり，労働者が法令の強力な保護下に置かれることから，使用者は雇用契約を解消することが難しくなることを認識する必要がある。また，使用者は労働者の労働時間等を管理したり，労働者が安全に働ける環境を確保したりする義務を負う。

3　雇用契約における「労働者」

　雇用契約における「労働者」とは，使用者に使用されて労務を提供し，対価として賃金を得る方の当事者であり，労働基準法においては，「職業の種類を問わず，事業……に使用される者で，賃金を支払われる者をいう」とされる（労働基準法9条）。また，労働契約法においては，「使用者に使用されて労働し，賃金を支払われる者をいう」と定義されている（労働契約法2条1項）。いずれの法律によっても，「使用され」ること，「（労務の対価として）賃金を支払われる」こと（併せて「使用従属性」といわれる）が労働者性を基礎づけている。このため，仮に業務委託という形式で契約しても，受託者が委託者に「使用され」ている，すなわち「指揮監督下において労務を提供している」と判断されれば，雇用契約として労働法令の適用を受けることになるため注意が必要である。

　この点，使用されているか否かの判断基準は，①仕事の依頼や業務従事の指示等に対する諾否の自由の有無，②業務遂行上の指揮監督の有無，③拘束性の

有無，④代替性の有無が挙げられる。つまり，仕事の依頼や業務指示を拒否できない，業務遂行の際に指揮監督をされている，時間的・場所的な拘束がある，代替性が認められていないという事情があれば，使用されているという判断に傾く要素がある。

　また，労務に対する賃金の支払いという観点からは，提供される労務が個人の能力等に依存せず，労働の結果による較差が少ない（同じ時間で同じことをすれば同じ賃金をもらえる）ことや，時間外手当（いわゆる残業代）が支給されること，欠勤した場合には欠勤控除がされること等が，使用者の指揮監督下において労務を提供していることの判断要素となる場合がある。

　ほかにも，事業者性の有無，業務に使う機械・器具等の負担，報酬の額，専属性の程度，採用基準，報酬における源泉徴収の有無，労働保険適用の有無，服務規律適用の有無等が使用従属性の判断要素とされた裁判例がある。業務委託契約で委託を行う場合は，これらの要素を考慮しながら，指揮監督下における労務提供と判断されないように配慮することが肝要である。

【労働者性の判断基準・判断要素】

①　仕事の依頼・業務従事の指示等に対する諾否の自由の有無
②　業務遂行上の指揮監督の有無
③　拘束性の有無
・時間的拘束
・場所的拘束
④　代替性の有無
〈裁判例上，その他に判断要素となり得るもの〉
・労働の結果による賃金較差が少ないこと
・時間外手当支給の有無
・欠勤控除の有無
・事業者性の有無
・業務に使う機械・器具等の負担
・報酬の額
・専属性の程度

- 採用基準
- 源泉徴収の有無
- 労働保険適用の有無
- 服務規律適用の有無

4　雇用契約における「使用者」

　「使用者」とは雇用契約において労働者を使用して業務を行わせ，その対価として賃金を支払う側の当事者である。労働契約法2条2項では，使用者は「その使用する労働者に対して賃金を支払う者」とされる。会社で従業員として働く場合，会社から賃金の支払いを受けるのが通常であるため，会社自体は当然「使用者」に当たる。他方で，労働基準法では，「事業の経営担当者その他その事業の労働者に関する事項について，事業主のために行為をするすべての者」（労働基準法10条）が使用者に当たる。したがって，例えば，部長が「労働者に関する事項について，事業主のために行為をする」場合，その部長は労働者でありながら，労働基準法上の「使用者」にもあたることになる。

　使用者が労働基準法に違反した場合には，労働基準法所定の罰則を受ける場合がある。さらに労働基準法121条1項本文は，「事業主のために行為した代理人，使用人その他の従業者」が労働基準法に違反した場合には，事業主に対しても罰則を科する旨規定している（いわゆる両罰規定）。このため，事業主のために行為を行う部長が，部下に対して労働基準法に反する扱いをすれば，部長のみならず事業主も罰則を受ける可能性がある。ただし，事業主が違反の防止に必要な措置をした場合においてはこの限りでないとされており（労働基準法121条1項ただし書き），罰則を回避するためには部下が労働基準法に違反する行為を行わないよう努める必要がある。

第3節　雇用にまつわる注意点

1　雇用契約の開始

　雇用契約を締結する際には，一定の内容の労働条件を通知しなければならない（労働基準法15条1項）。労働条件の通知のほか，採用時の留意点については，第2章を参照されたい。

2　規程類の整備

　雇用契約にまつわる規程として最もよく出てくるのが就業規則である。就業規則は，常時10名以上を雇用する事業場において作成したうえ，会社の事業所を管轄する労働基準監督署に対し届出を行わなければならない（労働基準法89条）。また，賃金規程，退職金規程等を就業規則とは別に定めることがあるが，これらの規程も就業規則を構成すると解される。また，有期雇用契約と無期雇用契約の場合の従業員ごとに就業規則を分けることも可能である。

　就業規則は，最低基準効を有するとされており，就業規則に定める内容よりも労働者に不利な条件の雇用契約は，労働者に不利な部分が無効となり，就業規則の内容が契約内容となる（労働契約法12条）。

　このように就業規則は雇用契約の内容となり得るが，原則として就業規則を変更することによって，労働者の合意を得ずに，労働者の不利益になるように契約内容（労働条件）を変更することはできない（労働契約法9条本文）。もっとも例外として，労働者にとって不利益な変更の内容でも，就業規則の変更に係る事情に照らして合理的なものであるときは，雇用契約の内容は変更後の就業規則によることになる（労働契約法10条本文）。

　就業規則の変更には，労働者の過半数代表者等の意見聴取（労働契約法11条，労働基準法90条1項）を行わなければならず，変更の効力発生のためには，周知をする必要がある（労働契約法7条，10条）ため，その手続に留意が必要である。

3　労働時間の管理

　使用者は労働者に対して，労働時間を管理する義務等があり，この点は業務委託契約の場合と異なる。

4　雇用契約の終了

　労働者に，採用時に見込んだような能力がなかったとき，他の従業員との関係で問題を起こしたときなど，会社は雇用契約を終了させたいと思うことも少なくない。労働契約の終了は，労働者の申入れによる終了，使用者と労働者で合意することによる終了，期間満了による終了，使用者が一方的に契約を終了させる場合などがある。使用者が一方的に雇用契約を終了させることが「解雇」である。我が国においては，労働者の権利が非常に強力であるといわれており，解雇はどのような場合に行うことができるのかを疑問に思う経営者は多い。解雇については，第6章において詳述するが，雇用契約終了のバリエーションについて簡単に記載する。

(1)　申入れによる終了

　期間の定めのない雇用の場合，民法上期間の定めのない雇用契約となるため，各当事者はいつでも解約の申入れをすることができ，解約の申入れから2週間を経過することによって雇用は終了する（民法627条1項）。使用者からの解約申入れは，期間によって報酬を定めた場合には，次期以後についてのみすることができ，その解約の申入れは，当期の前半にしなければならず（民法627条2項），6か月以上の期間によって報酬を定めた場合には解約の申入れは3か月前にしなければならない（民法627条3項）。

　もっとも，これまで述べてきた通り，使用者と労働者の間には労働基準法および労働契約法が適用され，労働者保護のためにこれらの法律は民法よりも優先する。したがって，使用者側からの申入れによる終了に関しては労働基準法の解雇の規定が適用され，上記の民法の規定は使用者との関係では意味を有しないことに注意が必要である。そのため，上記の民法の規定で大事なのは，労

働者が使用者に対し2週間前に雇用契約の解約を申し入れれば雇用が終了する,という1項の部分のみである。

(2) 合意による終了

契約は当事者間の合意によって成立するものであるので,雇用契約の終了について使用者と労働者が合意した場合には,雇用契約は終了する。

このような雇用契約解除の合意をするため,使用者側から退職勧奨が行われることがある。退職勧奨とは,労働者の自発的な退職を促すため,使用者が労働者に働きかける行為をいい,これを規制する直接の法律があるわけではない。使用者は任意にこれを行うことができるが,労働者側としても,退職勧奨に応じる義務はなく,応じるか否か自由に意思決定できる。

労働者が退職勧奨に応じたとしても,退職勧奨の態様や具体的な状況から,退職の意思表示が労働者の自由な意思決定の結果であるかどうかが問題になることが少なくない。また,使用者が労働者に対し,退職を強制するような退職勧奨を行った場合には,その退職勧奨が違法とされる場合もある。具体的な例では,「退職勧奨の態様が,労働者の退職についての自由な意思決定を困難にするものだったと認められるような場合には,当該退職勧奨は労働者の退職に関する自己決定権を侵害するものとして違法性を有し,使用者は,当該退職勧奨を受けた労働者に対し,不法行為に基づく損害賠償義務を負う」(東京高判平成24年10月31日労経速2172号3頁)とした裁判例もあるため,退職勧奨はその態様に十分注意して行う必要がある。

(3) 期間満了による終了

契約期間の定めがある有期雇用契約の場合,契約期間の満了に伴い,契約を終了することができる。ただし,有期雇用契約が更新されて通算5年を超えたときは,労働者の申込みにより期間の定めのない契約に転換できる,いわゆる無期転換ルールが適用されるため注意が必要である(労働契約法18条1項前段)。

⑷　解雇による終了

解雇はその性質上，普通解雇，懲戒解雇，整理解雇に分けられる。

解雇は，客観的に合理的な理由を欠き，社会通念上相当であると認められない場合には，権利濫用として無効となる（解雇権濫用法理。労働契約法16条）。

第4節　業務委託にまつわる注意点

1　業務委託契約
⑴　業務委託契約とは

業務委託契約という契約は，まさに何らかの「業務」を他人に「委託」するものであって，広く利用することができる。しかし，民法や他の法律において，「業務委託契約」という契約類型が規定されているわけではない。業務委託契約とは，業務を委託する契約の総称である。

業務委託契約は，その性質が民法上の請負契約であるもの，準委任契約であるもの（またはその両方を含むもの）に大別できる。

請負契約は，「当事者の一方がある仕事を完成することを約し，相手方がその仕事の結果に対してその報酬を支払うことを約することによって，その効力を生ずる」（民法632条）と規定されている。ここにも明記されている通り，請負契約では「仕事を完成」することが必要であり，原則として仕事の完成によって報酬を請求することができるようになる。

他方で，準委任契約とは，当事者の一方が法律行為でない事務をすることを委託し，委託された側がこれを承諾することによって効力を生ずるものである。

請負と準委任の大きな違いは，まさに仕事の完成を要件としているか否かである。例えば，建物を建設することを目的とした「建築請負契約」は代表的な請負契約であるし，コンサルタントによるコンサルティングや医師と患者の契約は，仕事の完成を目的としない委託として準委任契約となることが多い。

委託先との契約が請負にあたるか準委任にあたるかを区別することが重要な

のは，受託者から報酬を請求された場合に，仕事が完成していないから報酬請求権が発生していないといえるかとか，受託者側になった時にどこまで終わったら契約上の義務を履行したといえるかという点で差異があるからである。

　また，請負の場合には契約不適合責任が問題になったり，契約の中途解約の場合の取扱いが異なったりする点も注意が必要である。

(2)　業務委託契約に関する法律

　すでに述べた通り，請負契約や準委任契約は民法に規定されているため，業務委託契約に関する一般的な規律は民法による。

(3)　業務委託契約を締結すると

　業務委託契約においては，委託者と受託者の間に雇用契約の場合のような指揮命令関係がなく，職場における就業規則の適用もない。また，労働時間等の管理を行う必要がない。反面，指揮命令関係がないことから，受託者に業務に関する詳細な指示等は難しい場合もあり，依頼内容に即した契約形態を検討する必要がある。

2　業務委託契約全般において特に注意すべきポイント

　業務委託契約を締結する場合，特に注意すべきポイントをいくつか紹介する。

(1)　委託業務

　業務委託契約は，ごく簡単に言えば，委託者（業務を委託する側）が受託者（業務を委託される側）に対し，ある業務（ここでは「委託業務」という）を委託し，これに対して報酬を支払うことを内容とする。そのため，何をすることを委託されているのかを明確にしておく必要がある。しかしながら，委託業務の範囲，内容については，極めて重要であるにもかかわらず，口頭では合意ができていたから，打ち合わせを重ねて共通の認識ができていたから，同じ目的のために動いていて範囲は自明だから，等の理由で契約書上明確にならないことがある。契約書はトラブルになった時に，もともとどのような合意があっ

たのかを証明するために有用なので，トラブルになった時のことを想定して，内容は明確にしておくことを強くお勧めする。これは委託者の観点からしても，受託者の観点からしても非常に重要といえる。委託業務の範囲・内容を明確化することによって，委託者としては受託者に思った通りのことをやってもらえないリスクを低減することにつながり，受託者としてはここまでやったから報酬をくれと言える範囲を明確にすることにつながるためである。

　もっとも，委託業務は契約内容によってはかなり細かく設定する必要もあり，書面化すると膨大な量になる場合もあるため，契約書本体に入れずに「別紙の通り」として別で定める例もよく見られる。

　特に，システム開発委託契約のように，契約途中での委託内容（仕様等）の変更が想定される場合には，それを前提として委託内容を定めたり，内容を変更する場合の手続を定めたりする必要がある。

(2)　報　酬

　報酬は業務の対価として委託者から受託者に支払われるものであり，支払時期，支払方法を含めて両当事者の関心の高いところである。金額については，雇用の場合の賃金と異なって最低価格などがあるわけではないので，合意によって自由に決めることができる。

　また，支払時期についても定め方は多様にある。例えば，案件が終わった時に一括で支払うもの，案件が動いている期間は月いくらと定めて定期的に支払うもの，大きなプロジェクトであれば段階ごと，例えば着手時に30％，この段階まで終われば50％，業務終了後に残りの20％などと定める場合もある。

(3)　納　期

　業務委託契約においてしばしば問題になることの一つに，納期がある。受託者が当初想定していたよりも作業が遅れてしまったり，委託者が途中で当初設定していた仕様を変更したせいで作業が完成できなかったり，その理由は様々考えられる。

委託の内容によって，納期を過ぎることになった場合に合意で延長できる場合もあれば，納期に間に合わなければ損害賠償が発生するという場合も考えられる。納期に遅れる場合にどのような対応が必要か，納期を変更する場合にはどのような手続をとるか，納期に遅れたことによって発生した損害の責任はだれがどのようにして負うかという点など，具体的なトラブルを想定しながら契約書を確認すると，リスクを抑えることができる。

(4)　権利関係

　特に何かの製作を依頼した場合，当該製作物の所有権や著作権，利用許諾権等が発生するため，このような権利関係についてもしっかり定めておく必要がある。創作物であれば，著作権をはじめとする知的財産権をどうするか，知的財産権を委託者に帰属させる場合その対価は業務委託報酬に含まれているかということも含めて規定する必要がある。

　有体での成果物等が生じる場合の所有権については，報酬の支払時期や後述の危険負担の場合と関連して移転時期を検討すべきである。

(5)　再委託

　業務委託契約において，再委託，すなわち，受託者が委託業務をさらに別の第三者に委託することができるかということが問題になり得る。委託した相手方にきちんと業務を遂行してもらいたいという場合もあれば，初めに委託を受けた者（元請け）が，委託業務を下請けに出し（下請け），さらにその下請けが下請けに出す（孫請け）というようなことが最初から想定されている場合もあるため，取引の実態に即して決定する必要がある。一般論としては，請負型の業務委託の場合は，究極的には仕事の完成を目的としており，仕事さえ完成すれば誰がやってもいいとも考えられるので，原則として再委託が可能である。他方で，準委任は，特定の者に対して，信頼関係に基づいて仕事を委任するということが想定されているため，原則として再委託は禁止される。

　契約においては，合意さえできれば請負型の業務委託契約において再委託を

原則禁止とすることももちろん可能である。再委託を可能とする場合でも，事前に委託者の許可を得た場合には可能としたり，再委託先の情報を委託者に通知する義務を負わせたりすることで，契約がしっかり履行されるように手当てする必要がある。また，契約の履行確保という観点からは，再委託されたとしても，業務委託契約における受託者（元請け）が，委託業務の履行についてすべて責任を負う，という内容を入れることは必須である。

(6)　秘密保持

　業務を委託する際に，特に委託者から受託者に対して，営業的または技術的な秘密（以下「秘密情報」という）が開示されることがある。秘密情報は委託者にとって自社の重要な情報であることが多いから，委託者の秘密情報が他社に漏えいされてしまうと，秘密情報を開示した委託者は損害や不利益を受けるおそれがある。そのため，業務委託契約書では，秘密保持義務（守秘義務ともいう）を定める。他方で，秘密保持については業務委託契約書とは別で秘密保持契約書（いわゆる NDA，Non-Disclosure Agreement）を締結するということもよく見られる。別途秘密保持契約書を締結する場合には，業務委託契約書内には秘密保持条項を入れなかったり，条項を入れても「別途締結する秘密保持契約の通り」等の簡単な記載で済ませたりすることがある。

第5節　業務委託契約（請負型）

　ここからは，請負型と準委任型という法的性質の違いからくる，各契約類型における特有の注意点について説明する。まずは請負型の契約における留意点について詳述する。

1　対価の支払い

　先ほどから説明している通り，請負の目的は仕事を完成することにある。そ

のため，原則としては，請負の報酬の支払時期は，仕事の完成後におけるその目的物の引渡時とされている（民法633条）。目的物の引渡しが不要の場合は，業務終了後となる。

　しかしながら，仕事の完成がなければ一切報酬を請求できないとなると，受託者に酷であるし，委託者が一定の利益を受けている場合には公平でない。そこで，令和2年の民法改正によって，請負人（受託者）は，行った仕事の結果のうち可分な部分の提供により，注文者（委託者）が利益を受ける時は，その割合に応じて報酬を請求することができるという規定が設けられた（民法634条）。これは，仕事の完成前に契約が解除された場合も同様である。

2　契約不適合責任

　旧民法で定められていた瑕疵担保責任は，責任の対象を「隠れた瑕疵」としており，瑕疵が隠れていたことの困難な立証を強いていたり，責任追及の範囲や方法について争いがあったりした。また，売買契約と請負契約で異なる規定が設けられていたが，令和2年の民法改正によって，瑕疵担保責任は契約不適合責任に名前を変え，対象を契約不適合全般とした（民法562条）。また，民法改正により，売買契約における契約不適合の規定が請負にも準用されることになった（民法559条）。

　売買において，契約不適合があったときに注文者（委託者）が取り得る手段として，民法上は①履行の追完請求権，②代金（報酬）減額請求権，③損害賠償の請求，④契約の解除ができる（民法562条～564条）。

　①履行の追完請求権とは，目的物の修補，代替物または不足分の引渡しを指す。契約内容に適合するように履行の追完を請求できるということである。

　②代金減額請求権は，請負の場合には報酬の減額請求権となるが，「不適合の程度に応じて」減額を請求することができる。この減額請求権は，形成権[1]であり，減額について相手方が同意していなくとも，一方的意思表示によって

　1　形成権とは，権利を有する者の一方的な意思表示によって法律関係を変動させることができる権利をいう。

効力が生じる。

　③損害賠償の請求および④契約の解除については，①と②の契約不適合責任の追及を行ったとしても，民法415条（債務不履行による損害賠償請求権），同541条（催告による解除）および同542条（催告によらない解除）を妨げない旨規定されている（民法564条）。

　契約不適合責任の追及について，注文者がその不適合を知った時から1年以内にその旨を請負人に通知しないときは，注文者はその不適合を理由として，履行の追完請求，報酬の減額請求，損害賠償請求および契約の解除をすることができない（民法637条第1項）とされているので，注意が必要である。

　なお，上記の規定はすべて任意規定（当事者の別の合意があればそちらが優先される規定）であるため，業務委託契約において，上記民法の規定と異なる内容で合意されていれば，契約の合意内容が優先して適用される。実務上も，契約においては上記民法の規定とは異なる内容で合意される場合が多いことから，自身に不利な規定になっていないか，慎重に確認する必要がある。

3　中途解約

　請負契約においては，請負人（受託者）が仕事を完成しない間は，注文者（委託者）は，いつでも損害を賠償して契約を解除することができる（民法641条）。すでに不要となった注文について注文者（委託者）が請負人（受託者）に委託をし続けることは不合理であるが，いつでも解除できるとなると，ある程度まで仕事を進めた請負人（受託者）が損害を受ける可能性があるため，そのバランスをとった規定である。

4　危険負担

　危険負担とは，当事者双方の責めに帰することができない事由によって，目的物が滅失または損傷した場合や，債務を履行することができなくなった場合に，このリスク（危険）をどちらが負担するかという問題のことをいう。民法では，536条1項において，債務者がこれを負担することが原則とされている。

　目的物の引渡しがある場合には，当事者双方の責めに帰することができない事由によって滅失または損傷したときについて，売買の規定では，引渡しまでは売主，引渡し後は買主とされており（民法567条1項），引渡しを基準として危険が移転している。

　請負の場合には，引渡し前に目的物が滅失した場合，債務者である受託者がその責任を負うことになる（民法536条1項）。そうすると，改めて目的物を用意しなければ，仕事の完成に至らず，受託者は報酬を請求することができなくなってしまう。そこで，令和2年の民法改正では，注文者（委託者）の責めに帰することができない事由によって仕事を完成できなくなった時でも，注文者が受ける利益の割合に応じて報酬を請求することができることが明文化された（民法634条）。

第6節　業務委託契約（準委任）

　続いて準委任契約特有の論点を紹介する。

1　報酬の支払い

　まず，準委任契約における民法の規定は，委任契約の規定が準用されている（民法656条）ため，委任の規定が適用できることを前提に説明する。委任報酬の支払いについては，特約がなければ報酬を請求できないこと（民法648条1項），委任事務を履行した後でなければ請求できないこと（民法648条2項本文）が民法上の原則となる。もちろんこれと異なる内容の契約を締結することができる。また，企業間の取引であれば，商法等の規定により，委任報酬の支払いの合意がなくとも通常報酬が発生すると考えられる（商法512条等）。

　準委任は，役務を提供すること自体を目的とした役務提供型と，一定の成果を上げることを目的とし成果に応じて報酬が支払われる成果報酬型に分けられる。役務提供型の準委任の場合には，後払いを原則としつつ，①委任者の責め

に帰することができない事由によって委任事務の履行をすることができなくなったとき，②委任が履行の中途で終了したときには，既に履行した割合に応じて報酬を請求することができる（民法648条3項）。他方で，成果報酬型の準委任の場合，成果の引渡しと同時に報酬を支払うことが原則となる（民法648条の2第1項）。こちらも履行割合に応じた例外があり，請負の場合を準用している（同条2項）。

　もっとも，契約で別の内容を合意していればその内容で対応することができるが，急に中途解約された場合で，契約書に中途解約の場合の報酬請求に関する規定がなければ，民法の規定が適用される。そのような場合のためにも，民法において原則が決まっていること，および民法の原則がどのような規定になっているかを知っているということが肝要である。

2　中途解約

　委任は，各当事者がいつでもその解除をすることができる（民法651条1項）。委任は当事者間の信頼関係を基礎としてなされるものであるので，信頼関係の破壊その他の理由によって委任事務（委託業務）の遂行が不要となった場合に継続をさせる理由はない。他方で，一方的な解約が認められる以上，請負の場合と同様に，中途解約された受任者（受託者）の不利益との間でバランスをとる必要がある。委任に関しては，①相手方に不利な時期に委任を解除したときと，②委任者が受任者の利益（専ら報酬を得ることによるものを除く）をも目的とする委任を解除したときには，委任を解除した側の当事者は，相手方の損害を賠償しなければならないとされる（民法651条2項本文および同各号）。ただし，やむを得ない事由があった場合にはこの限りではない（同項ただし書）。ここでいう「受任者の利益をも目的とする」というのは，専ら報酬目的のものは含まれないと解されている。

【図表3-1】　類型による業務委託の主な相違点

請負型	準委任型
• 報酬の支払いは仕事の完成が条件 • 注文者は，仕事の完成まではいつでも損害を賠償して解除できる • 契約不適合の適用がある • 原則再委託が可能	• 報酬支払いの特約を前提とし，成果の達成または所定の委任事務の履行が報酬支払いの条件 • 当事者はいつでも解除できるが，相手方に不利な時期に契約を解除したときまたは受任者の利益をも目的とする契約を解除したときは，解除当事者は損害を賠償しなければならない • 契約不適合の適用はないが，善管注意義務を負う • 原則再委託ができない

第7節　その他業務委託契約においてよくある条項

　上記以外にも，業務委託契約においてよく定められている条項がいくつかある。契約書の中には定型的に入っている条項でも，必要性やどの程度のボリュームで規定すべきかという点について疑問を持ったときのため，定型的な条項について説明する。

1　目　的

　契約の目的は，契約書において具体的な条項に入る前の頭書や，第1条において規定されることが多いものの，必須の条項ではないと考えられる。目的条項それ自体で双方に対して法的拘束力を生じるというものではなく，契約に至った前提や経緯，背景事情等を記載することで，契約全体の趣旨を明確にしたり，解釈に迷ったときの道標になったりするものである。

　契約書を完璧に作ったつもりでも，時間が経ったり，担当者が変わったり，当初想定していなかった事態が発生することによって，契約書の解釈に疑義が

出てくるということは往々にしてある。そのときに，この契約書がどのような背景で作られたのか，どのような前提で合意をしたのかということがわかれば，合意内容を推認する手助けになる。そのため，必須ではないものの，目的を明記することは有用である。

2　反社会的勢力の排除

　反社会的勢力の排除条項とは，暴力団排除条項（暴排条項）とも呼ばれ，契約の当事者同士がいずれも暴力団関係者ではないということを確約する条項である。反社会的勢力の排除について，例えば東京都暴力団排除条例18条では次のように定められている。同条例18条2項において，事業者が事業に係る契約を締結する場合には，契約書にここでいう反社会的勢力の排除条項の内容に当たる内容を定めることが努力義務とされており，取引の安全性確保という面からも，反社会的勢力の排除条項を入れることが多い。また，万が一契約の相手方が反社会的勢力やその関係者であるということが分かった場合に，直ちに契約を解除することができるようにしておくことも重要である。

（事業者の契約時における措置）
第18条　事業者は，その行う事業に係る契約が暴力団の活動を助長し，又は暴力団の運営に資することとなる疑いがあると認める場合には，当該事業に係る契約の相手方，代理又は媒介をする者その他の関係者が暴力団関係者でないことを確認するよう努めるものとする。
2　事業者は，その行う事業に係る契約を書面により締結する場合には，次に掲げる内容の特約を契約書その他の書面に定めるよう努めるものとする。
　一　当該事業に係る契約の相手方又は代理若しくは媒介をする者が暴力団関係者であることが判明した場合には，当該事業者は催告することなく当該事業に係る契約を解除することができること。
　二　工事における事業に係る契約の相手方と下請負人との契約等当該事業に係る契約に関連する契約（以下この条において「関連契約」という。）の当事者又は代理若しくは媒介をする者が暴力団関係者であることが判明した場合には，当該事業者は当該事業に係る契約の相手方に対し，当該関連契約の解

> 除その他の必要な措置を講ずるよう求めることができること。
> 三　前号の規定により必要な措置を講ずるよう求めたにもかかわらず，当該事業に係る契約の相手方が正当な理由なくこれを拒否した場合には，当該事業者は当該事業に係る契約を解除することができること。

　取引先が反社会的勢力に当たるかということについて確認するのは容易ではないため，既に述べた通り一般的な反社会的勢力の排除条項においては，そうでないことを確約させるという方法を取っている。なお，警視庁のウェブサイトによれば，警察からの情報提供について以下のような記載があるため，疑わしい事情がある場合には，警察への相談や確認を行うことも有用である。

【東京都暴力団排除条例 Q&A　Q 2】

> 警察では，暴力団との関係遮断を図るなど暴力団排除活動に取り組まれている事業者の方に対し，契約相手が暴力団関係者かどうかなどの情報を，個々の事案に応じて可能な限り提供します。事業者の方で契約相手が暴力団関係者かもしれないとの疑いを持っているものの，本人に確認することが困難であるような場合などには，最寄りの警察署，組織犯罪対策第三課又は公共財団法人暴力団追放運動推進都民センターにご相談ください。

出所：警視庁「東京都暴力団排除条例 Q&A」Q 2 の A
　　　https://www.keishicho.metro.tokyo.lg.jp/kurashi/anzen/tsuiho/haijo_seitei/haijo_q_a.html

3　損害賠償

　契約当事者が契約違反をしたことにより，当事者のいずれかが損害を受けた場合には，契約違反をした当事者には損害賠償義務が発生する。契約書に特段の記載がない場合には，民法の規定が適用され，債務不履行に基づく損害賠償請求権が発生する。このような民法上の損害賠償請求は，民法416条1項において，「通常生ずべき損害」が認められ，同条2項において「特別の事情によって生じた損害」については，債務不履行を行った者が当該事情を「予見すべきであったとき」には請求できるとされる。業務委託契約において殊更損害

賠償について定める意義は，損害賠償の範囲を拡大したり，反対に限定したりすることが大きい。

　損害賠償の範囲を拡大するためには，想定される損害を具体的に列挙する場合がある。例えば「損害（通常損害，特別損害，逸失利益，紛争解決に要した弁護士費用及び人件費並びに紛争解決のため第三者に対し支払った金額を含むがこれに限られない。）」のような形である。反対に，損害賠償の範囲を限定するためには，損害賠償額の上限を決める，損害賠償請求が可能な期間を決める，対象となる損害の範囲を限定する等の方法がある。

4　権利義務の譲渡

　業務委託契約書には，当該契約から発生する権利義務関係を，第三者に譲渡してはならないという条項を入れるのが通常である。取引の相手方を選択する際に報酬をきちんと支払ってくれる相手方であるのかは重要であるが，自由に報酬を受け取る権利が譲渡できてしまえば，報酬を支払う側からしても誰に対して支払いを行えばいいのかを管理する手間が生じるおそれがある。他方で，民法においては，債権譲渡自由の原則が定められている（民法466条1項本文）。譲渡禁止条項を置いていても，実際に譲渡されてしまった場合に，譲渡自体は有効となる場合があり，譲渡が有効となってしまった場合についてもあらかじめ定めておく場合がある。例えば，報酬を受ける権利が転々と譲渡された場合に備えて，譲渡の通知がされた相手に支払えば免責されることや，供託できることを規定するということが考えられる。

5　契約の解除

(1)　契約の解除

　契約の解除は，契約の終了事由である。中途解約が将来に向かって効力を生じるのと異なり，解除は遡って効力を発揮する。そのため，解除によって契約が終了した場合には，相互に原状回復義務を負う（民法545条1項本文）。原状回復義務は，原状，すなわち契約が締結される前の状態に戻すという意味であ

る。なお，解約の意味で解除という文言を用いることがあるため，どちらを意味するかは合意の趣旨による。

(2) 解除事由

契約は当事者の合意によって締結されるものであるので，当然に当事者間の合意によって解除することができる。また，合意による解除以外に，民法上は，債務不履行（不履行遅滞，不完全履行，履行不能）による解除を定めており，契約上これらの定めをしていない場合でも民法の規定によって債務不履行を理由とする解除をすることができる。他方で，契約書に解除事由を定めて，解除事由に該当する場合には解除できるという条項を設けることもできる。

(3) 債務不履行解除

債務不履行解除について，旧民法においては債務者の責めに帰すべき事由が必要とされていた。しかし，令和2年の民法改正において帰責事由は必要とされなくなった。ただし，債務の不履行が債権者の責めに帰すべき事由によるものであるときは，債権者は，債務不履行に基づく解除をすることができない（民法543条）。

また，軽微な債務不履行については民法541条ただし書きにおいて解除権が制限されている。

(4) 催告解除と無催告解除

旧民法下の債務不履行（履行不能等一定の場合を除く）においては，原則として履行の催告と，契約解除のための催告が必要とされていた。無催告解除ができる場合もあったが明文化されておらず，その有効性についてはしばしば争いになっていた。令和2年の民法改正において無催告解除の規定が新設され，所定の場合には無催告解除ができるようになった。民法542条は次のように規定している。

（催告によらない解除）

第542条　次に掲げる場合には，債権者は，前条の催告をすることなく，直ちに契約の解除をすることができる。

一　債務の全部の履行が不能であるとき。

二　債務者がその債務の全部の履行を拒絶する意思を明確に表示したとき。

三　債務の一部の履行が不能である場合又は債務者がその債務の一部の履行を拒絶する意思を明確に表示した場合において，残存する部分のみでは契約をした目的を達することができないとき。

四　契約の性質又は当事者の意思表示により，特定の日時又は一定の期間内に履行をしなければ契約をした目的を達することができない場合において，債務者が履行をしないでその時期を経過したとき。

五　前各号に掲げる場合のほか，債務者がその債務の履行をせず，債権者が前条の催告をしても契約をした目的を達するのに足りる履行がされる見込みがないことが明らかであるとき。

2　次に掲げる場合には，債権者は，前条の催告をすることなく，直ちに契約の一部の解除をすることができる。

一　債務の一部の履行が不能であるとき。

二　債務者がその債務の一部の履行を拒絶する意思を明確に表示したとき。

同条の反対解釈から，民法に基づく債務不履行解除を行う場合，同条所定の事由に該当しない場合には催告を行わなければ解除できないことになるため，注意が必要である。

(5)　契約に基づく解除

契約上解除事由を定めた場合，これに該当する場合には解除できることはすでに述べたが，一般的には契約上の解除事由が定められることが多い。その内容を例示すると次のようなものとなる。

- 本契約の定める条項に違反し，催告したにもかかわらず，相当期間内に是正されないとき
- 支払停止もしくは支払不能の状態に陥ったとき，または当事者の振出しに係る

手形もしくは小切手が不渡りとなったとき
- 第三者により差押え，仮差押え，仮処分もしくは競売の申立て，または公租公課の滞納処分を受けたとき
- 破産手続開始，民事再生手続開始，会社更生手続開始もしくは特別清算の各申立てがあったとき

　上記のように，契約上の解除事由として，契約を継続するために必要な信頼関係または経済状態が破綻した場合について定めておくことが多い。

6　協議条項

　締結した業務委託契約において，条項や合意内容の解釈に疑念が生じた場合，または契約に定めのない事項が発生した場合，双方真摯に誠実に協議することを定めることが多い。協議条項は，協議すること自体が目的であるため，協議の結果まで保証するものではないが，一度信頼して契約関係に入った者同士として，紛争になる前に協議によって解決するという定めには一定の合理性がある。協議を尽くしたにもかかわらず，合意に至らなかった場合には，やむを得ず解決のために第三者を交えざるを得ないことがある。

7　準拠法および管轄

(1)　準拠法

　準拠法は，契約書をどの国の法律に準拠して解釈するかに関する決まりである。日本国内の事業者同士で契約を締結する場合には日本法に準拠するということが通常である。また，その場合，あえて準拠法に関する規定を置かなかったとしても，日本法に準拠することについて合意があったと解されることもある。

　契約当事者が外国企業である場合は，準拠法をどちらかの国の法律とするか，または仲裁機関のある第三国の法律とすることもある。相手方当事者の国の法律を準拠法とする場合には，日本法との違いが生じる可能性があるため，注意が必要である。

(2)　裁判管轄

　契約当事者間で紛争になり協議では解決できなかった場合，第三者機関で紛争を解決することになる。訴訟になる場合には，原則として法律上の裁判管轄がある場所での裁判をすることになる。一般的な裁判管轄としては，被告の住所地（法人においては主たる事務所所在地）か，財産権上の訴えであれば義務履行地においても管轄が認められる。原則に従えば，被告の住所地が遠方である場合，相互に訴えを提起する時に遠方への移動や移動にかかる費用負担といったコストが発生してしまうことになる。このようなコスト等を回避するため，契約において管轄地を定めることがある。合意によって定めた管轄を合意管轄という。また，合意管轄の中でも，合意した管轄地にしか訴訟を提起できないという定めをした場合，その管轄を専属的合意管轄という。

(3)　手続選択

　紛争になった場合の解決手段として，訴訟以外にも，あっせん・仲裁手続を行うことが考えられる。訴訟のような強硬的な手段には出たくないが，専門的な知見を有する第三者を交えて話合いを行い，これによって問題を解決したいという場合には，あっせん・仲裁手続も考えられる。他方で，あっせん手続には出頭義務がなく，その結論にも判決のような執行力がないため，実効性が不安視される場合には適さないこともある。紛争や相手方の性質に応じて，顧問弁護士等に相談して決めるのがよいと考えられる。

　また，海外の当事者を相手方とする場合，仮に日本で訴訟を提起できたとしても，海外においてその判決を執行できるのかという問題がある。そこで，海外の当事者を相手方とする場合には，国際仲裁手続をとることを合意する契約も珍しくない。仲裁手続の結果については，通常各国の訴訟手続よりは高い可能性で執行力を確保できるが，手続のコストがかかったり，対応できる弁護士が事実上限られていたりすることがあるため，合意をする際には留意する必要がある。

　仲裁によらない場合でも，相手方当事者の国を管轄地とする訴訟で紛争を解

決することを合意すると，現地の資格を有する弁護士を雇わなければならないことがあるため，準拠法の定めと合わせて慎重に判断する必要がある。

第8節　ソフトウェア開発委託契約

1　業務委託契約の中のソフトウェア開発委託契約

　昨今新たに開発・展開されるサービスは，そのほとんどが何らかのソフトウェアを利用しており，業務委託契約の中でもソフトウェア開発を委託する契約書を目にする機会はとても多い。徐々に契約に対する感覚や権利意識が高まっているものの，受託者となるエンジニアやエンジニアの属する会社においては，契約に関する知識が乏しいことや，立場やパワーバランスによって不利な契約書を委託者側から差し出されることが珍しくない。また，ソフトウェアの開発委託契約は，ソフトウェア開発の流れその他の専門的な内容が出てくる場合があり，ソフトウェア開発に関して全く分からない状態で契約書を確認することには不利な内容を見落とすリスクがある。

　経済産業省は，「情報システムの信頼性向上のための取引慣行・契約に関する研究会」を設置し，取引・契約モデルの検討を行ってきた。そして，同研究会での報告結果等をもとに，平成19年にソフトウェアの開発等に関するモデル契約書を公開している。これをもとに，独立行政法人情報処理推進機構社会基盤センターが改訂を加え，令和2年にモデル契約書の第2版を公開した[2]。ソフトウェアの開発契約については，同モデル契約書を参考にするのが有用である。

2　独立行政法人情報処理推進機構社会基盤センター，
　　https://www.ipa.go.jp/ikc/reports/20201222.html，「情報システム・モデル取引・契約書第
　　二版を公開」（最終確認日2021/12/31）

2　開発委託契約の特徴

　開発委託契約の特徴としては，契約の締結前に作業に着手する場合があること，仕様を含め，契約時（取引開始時）における合意内容が変化する場合があること，これを前提に曖昧さや解釈の余地を残した契約が締結される場合があること等がある。開発委託契約の締結に当たっては，このような開発委託契約の特性を踏まえて契約書の内容を作成・確認する必要がある。

　また，開発委託契約においても，請負型か準委任型かという法的性質の問題が出てくる。それぞれの性質に応じた留意点を念頭に置き，トラブルにならないような契約書を締結することが肝要である。

第 4 章

スタートアップの従業員の労働時間・賃金・残業代支払い

第1節　賃金支払いの原則

1　賃金ルールの決定

⑴　賃金とは

　従業員を雇用するときに，決めるべき基本的な事項の一つが給与である。雇用主から支給される金銭のうち，労働基準法上の「賃金」（労働基準法11条）に該当するものと該当しないものがあるが，ここでは，上記の分類に関係なく，雇用主から従業員に支払う金銭その他の利益を給与という。そして，給与を決めるときには，給与をどのように支給するか，固定で支払う給与の他にどのような手当の支給をするか等も決める必要がある。給与は，労働者との合意で決める必要があるため，あらかじめ就業規則等に規定するか，労働条件通知書に記載しておく必要がある。

　給与の支給の仕方には，企業の個性が出るため，実務上さまざまな手当や，福利厚生給付が存在する。給与のうち，労働基準法上の「賃金」（労働基準法11条）に該当するものについてはさまざまな制限が規定されている（【図表4－1】参照）。どのようなものが「賃金」に該当するかについて，以下⑵で説明する。

【図表4－1】　「賃金」に該当する場合のルール

給与（使用者から労働者に支給される金銭その他の利益）	賃金に該当する場合	原則として，減額には，労働者の合意が必要になる。
		賃金支払いの5原則に基づき，賃金を支給する義務が生じる。
		割増賃金を算定する際の基礎単価になる。
	その他	使用者に支払い義務がないため，労働法規における規制がない。

(2)　賃金該当性の判断

　前述の通り，雇用主から支給する利益が，労働基準法上の「賃金」に該当するかどうかで労働基準法上の規制を受けるかどうかが変わるため，雇用主は給与について決める際に，支給する利益が「賃金」に該当するかどうかを事前に検討しておく必要がある。

　使用者から労働者に支給される利益のうち，どのようなものが労働基準法上の「賃金」に該当するのかについて，労働基準法11条には，「この法律で賃金とは，賃金，給料，手当，賞与その他名称の如何を問わず，労働の対償として使用者が労働者に支払うすべてのものをいう」と規定されている。したがって，「賃金」に当たるかどうかは，「労働の対償」として支給される利益といえるかどうかにより判断されるといえる。そして，使用者が支給するものが実費弁償的なものではなく，恩恵的給付ではない場合（就業規則等に規定され，使用者に当該支給をする契約上の義務がある場合）には，原則として「労働の対償」として支給されるものとされる。

　労働基準法11条の解釈について，少し古いものであるが，以下の行政解釈（昭和22年9月13日基発17号）が公表されている。これによると，使用者が労働者に支給するもののうち，①その支給により貨幣賃金の減額を伴うもの[1]，②労働契約においてあらかじめ貨幣賃金のほかにその支給が約束されているもの，については賃金とみなすこととされている。一方で，①，②に該当するものであっても，③代金を徴収するもの（その金額が甚だしく低額なものは除く），④労働者の厚生福利施設とみなされるものについては，賃金とはみなさないとされている。また，恩恵的給付については，労働協約，就業規則，労働契約等によって予め支給条件の明確なもの以外は，原則として賃金とみなさないこととされている。

　賃金と解されるか否かの具体例は章末【図表4-8】，【図表4-9】を参照されたい。

　1　例えば，現金で支給される賃金の一部を商品券等による支給とする場合が考えられる。

(3)　賞　与
(i)　賃金該当性
　賞与は，支給するか否か，その額および算定方法が専ら使用者の裁量に委ねられている場合には，恩恵的給付であって賃金ではない。

　しかし，雇用契約等に支給時期および額ないし計算方法が定められ，この定めに従って支給される場合には賃金として扱われる。

(ii)　賞与の不支給および減額の可否
　労働者査定や勤務成績等を査定して賞与を不支給・減額とすることについて，裁判例（マナック事件・広島高判平成13年5月23日労判811号21頁）では，「一般的に賞与が功労報償的意味を有していることからすると，賞与を支給するか否かあるいはどの程度の賞与を支給するか否かにつき使用者は裁量権を有する」と判示されており，賞与の減額および不支給について使用者は裁量を有していると解されている。そして，賞与を減額および不支給とすることが，労働基準法上の制裁規定の制限（労働基準法91条）に違反するか否かが問題となるが，労働者が具体的請求権を取得するのは，査定等により賞与の金額が定まった時であることから，支給する賞与の金額を決める査定等において，支給する賞与を減額および不支給とすることは上記制限には違反しないと解されている。

(iii)　支給日在籍要件の有効性
　一般的に賞与の支給について，就業規則等で支給日に在籍している者に対し支給するというような，支給時点での在籍を賞与の支給要件とする支給日在籍要件が規定されることがある。このような支給日在籍要件の有効性については議論がなされているところではあるが，判例上は有効であると解されている[2]。

　2　賞与の支給日が例年より大幅に遅れたような場合には，この支給日在籍要件は適用されないとした裁判例もある（ニプロ医工事件・最判昭和60年3月12日労判449号17頁速報カード）。

(4)　退職金

(ⅰ)　賃金該当性

　退職金も賞与と同様に，支給するか否か，いかなる基準で支給するかが専ら使用者の裁量に委ねられている場合には，恩恵的給付であって賃金ではない。一方，あらかじめ雇用契約等で退職金を支給することおよびその支給基準が定められており，この定めに従って使用者に支払義務が認められる場合には賃金に当たる。

　最近では，あらかじめ退職金規定等に勤続年数により退職金の支給額が定められているのが一般的であり，退職金は賃金に該当するという認識が浸透していると考えられる。

(ⅱ)　退職金の不支給および減額の可否

　退職金の支給において問題となるのが，懲戒解雇，論旨解雇時の退職金の不支給または減額規定の有効性である。かかる規定の有効性については，退職金の功労報償的性格と賃金後払い的性格から争いがある。

　裁判例では，懲戒解雇の場合の退職金不支給を定める条項およびその適用が有効と認められるのは，労働者のそれまでの勤続の功労を全て抹消ないし減殺してしまうほどの著しく信義に反する行為があった場合に退職金を不支給とする場合に限定され，即時解雇の事由よりも厳格に解するべきとされる。

　論旨解雇の場合に退職金を不支給とする規定の有効性について，論旨解雇と懲戒解雇を同一視して退職金を支給しない場合として規定すること自体が合理性を欠き無効であるとした裁判例（中島商事事件・名古屋地判昭和49年5月31日労経速857号19頁）がある。一方で，退職金の一部支給に関する根拠規定がないことを理由に退職金請求権を否定した裁判例（東宝舞台事件・東京地判平成19年12月6日労経速1990号15頁）もある。

　退職金不支給規定の有効性とは別の論点として，退職金を請求することが，権利濫用にあたる場合があるかという問題がある。この点，在職中に重大な背信行為を行っていた労働者からの退職金請求は権利濫用にあたるとして請求を

棄却した裁判例（アイビ・プロテック事件・東京地判平成12年12月18日労判803号74頁）がある。

2　賃金の変更の方法

　事業の状況や会社の経営の変化等により，一度労働者との間で決めた賃金を変更する必要が生じる場合がある。賃金を変更する方法や必要な手続について解説する。

　まず，賃金を変更する場合に問題となるのは，いうまでもなく賃金を下げる変更をする場合である。雇用条件は使用者と労働者との間の合意であり，その合意は契約の内容になるから，その変更には当事者の合意が必要である。すなわち，賃金の変更についての使用者の申し入れを労働者が承諾する場合には，賃金を変更することができる。賃金を上げる場合に労働者がそれをあえて拒むことは通常はなく，賃金を上げることについて問題が生じることはほとんどないと考えられる。賃金の変更の有効性が争われた裁判例も賃金を下げる場合がほとんどである。

　賃金を変更する方法は，①就業規則所定の賃金体系および額の変更，②個別の労働者との間での明示的もしくは黙示的合意による変更が一般的である。

(1)　就業規則の変更による賃金の変更

　就業規則の変更の有効性（第2章第5節6参照）とリンクするところであり，原則として労働者の合意なく就業規則を不利益に変更することはできないことから（労働契約法9条），賃金の定めに関しても，賃上げは労働者の合意なくできるが，賃下げは労働者の合意なくしてはできないということになる。例外的に①就業規則の変更に関する合理性および②変更後の就業規則の周知性の2つの条件を充たす場合は，同意していない従業員に対しても，不利益変更した後の就業規則に基づく労働条件の変更が認められる（労働契約法10条）。裁判例では，所定労働時間の短縮に伴い，基本給の減額を認めた裁判例（大分地判平成13年10月1日労判837号76頁）や，複数社から営業譲渡を受けて，承継した各社

の労働条件を統一する必要性が高く，3 年かけて段階的に賃金を 6 ％減額するとともに，退職金を増額した事例で変更に関する合理性が肯定されたもの（東京地判平成23年 1 月26日労経速2103号17頁）がある。就業規則の変更方法，変更の有効性については，第 2 章第 6 節 3 参照。

⑵　労働者との間での明示もしくは黙示的同意

　賃金を下げる変更をする場合において，裁判例では，労働者による黙示の同意があったというためには，労働者が自由な意思に基づき同意し，かつ，当該同意が労働者の自由な意思に基づいてなされたものであると認めるに足りる合理的な理由が客観的に存在することを要するとされている（アーク証券事件・東京地判平成12年 1 月31日労判785号45頁）。そして，賃下げについては，賃金は，労働条件のうち最も基本的な要素であることから，賃下げについての合意は，単に労働者が異議を述べなかったにとどまらず，賃下げについて真意に基づき受け入れたと認めるに足りる合理的な理由が客観的に存在することが必要であるとされている（NEXX 事件・東京地判平成24年 2 月27日労判1048号72頁）。

　明示的な同意の取り方として，シンプルな内容で，減額される金額の全額が明確に記載されている書面に署名押印を求める方法で同意を得た点を，労働者の自由な意思に基づく同意を推認する一事情とした裁判例（ザ・ウィンザー・ホテルズインターナショナル事件・札幌高判平成24年10月19日労判1064号37頁）があり，労働者の同意を取る際の参考になる。

　上記以外に，賃金の変更を行う場合として，職能資格制度が定められている場合に，個別労働者の資格等級の見直しによる昇級に伴う昇給，降格に伴う降給，年俸制がとられている労働者について業績評価による個別交渉，懲戒処分としての減給処分を行うことが挙げられる。いずれも，賃金を下げる場合が問題になるが，その点については，第 6 章を参照されたい。

3　賃金ルールの運用

(1)　賃金の支払いに関するルール

　労働基準法は，賃金の支払方法に関して，使用者は，①通貨で，②労働者に直接，③その全額を支払わなければならず（労働基準法24条1項），④月1回以上，⑤一定の期日を定めて支払わなければならない（労働基準法24条2項）と定めている。これらを総称して「賃金支払いの5原則」という。以下，各原則について詳説する。

【図表4－2】　賃金支払に関する5原則

- ①通貨払の原則
- ②直接払の原則
- ③全額払の原則
- ④毎月1回以上払の原則
- ⑤定期日払の原則

(i)　通貨払の原則

　賃金は通貨で支払わなければならず（労働基準法24条1項），原則として現物支給は禁止されている。通貨には，外国貨幣は含まれず，小切手による支払いも，労働者に不便と危険をもたらすもので，通貨による支払いとはいえない。したがって，原則として賃金は日本円で支払われる必要がある。

　ただし，a「法令や労働協約に別段の定めがある場合」，b「命令で定める賃金について確実な支払いの方法で命令に定めるものによる場合」には通貨以外のものでの支払いが可能である（労働基準法24条1項ただし書）。前者（a）について，今のところ別段の定めをする法令は存在しない。後者（b）について，労働基準法施行規則に労働者の同意を得た場合は，①労働者が指定した金融機関の預貯金口座への振込みにより支払うこと，②退職手当を銀行振り出し小切手，銀行支払保証小切手，郵便為替の交付により支払うことが認められている（労働基準法施行規則7条の2第1項・2項）。そして，近年は○○ Pay等

の資金移動業者の口座への賃金支払いを認めるための準備が進められている[3]。これにより，金融機関の口座に賃金を支払い，労働者がこれを○○ Pay 等の資金移動業者の口座に移し（チャージ），支払いに利用するという手間が省け，直接○○ Pay 等の残高に賃金がチャージされることになる。

　また，裁判例（東京地判平成24年4月10日労判1055号8頁）には，一定の基準日における株価を基準として算出した数量の普通株式を5年後に取得できる権利について，労働基準法上の賃金に当たることを前提として，当該権利の付与について，労使間の自由な意思に基づく合意を理由として労働基準法24条1項に違反しないとしたものがある。

　そして，最近では，労働者が希望する場合には，ビットコインの購入を目的とした給与控除を行うことで，賃金の一部をビットコインで支給している会社[4]もある。今後は，ビットコイン等の仮想通貨による賃金の支払いを行う企業も増えていくと考えられる。

(ii)　直接払の原則

　賃金は直接労働者に支払われなければならない（労働基準法24条1項）。未成年労働者の親権者その他の法定代理人や労働者の委任を受けた任意代理人への支払いは，原則として，同原則の違反になる（労働基準法59条参照）。ただし労働者本人と同視できる使者に対する支払いは適法である[5]。

　また，賃金直接払の原則は，賃金債権の債権譲渡に優先する（最判昭和43年3月12日民集22巻3号562頁）。そのため，使用者は労働者の賃金債権の譲受人からの賃金請求に対して応じてはならず，労働者に対して賃金を支払わなければならない。

　なお，賃金が国税徴収法や民事執行法の規定に基づき差押えられた場合には，

3　厚生労働省「資金移動業者の口座への賃金支払について」
　　https://www.mhlw.go.jp/content/11201250/000663599.pdf
4　GMO インターネットグループでは，平成29年の時点で給与の一部をビットコインで支給する社内制度を発表しており先駆的といえる。
　　https://www.gmo.jp/news/article/5872/
5　昭和63年3月14日基発150号参照

差押えられた賃金を行政官庁に納付または債権者に対して支払っても同原則には違反しない。

(iii)　全額払の原則

　賃金は，原則としてその全額を支払わなければならない（労働基準法24条1項）。もっとも，給与所得税の源泉徴収，社会保険料の控除，財形貯蓄金の控除は許される。また，当該事業場の過半数で組織する労働組合（労働組合がないときは当該事業場の過半数を代表する者）との書面による協定があるときも，例外として賃金の一部を控除して支払うことができる（購買代金，社宅・寮その他福利厚生施設の費用などの控除が考えられる）。

【全額払の例外】

①　合意的相殺

　使用者が，労働者に対する賃金から，労働者の債務不履行（業務の懈怠）や，不法行為に基づく損害相当額を差引くことは全額払の原則の趣旨から当然に認められない。また，労働者の合意に基づく相殺は，労働者の合意が自由な意思に基づくものであると認めるに足りる合理的理由が，客観的に存在する場合には，全額払の原則には反しない（日新製鋼事件・最判平成2年11月26日民集44巻8号1085号）。もっとも，明示または黙示の合意がない場合[6]はもちろん，合意があっても自由な意思に基づかない場合（オオシマニットほか事件・和歌山地田辺支判平成21年7月17日労判991号29頁）には合理性を検討するまでもなく当該相殺は違法である。

②　放　棄

　労働者の自由意思により賃金請求権を放棄したと認められる場合には，使用者は労働者により放棄された賃金を支払わなくても，本原則には違反しないと解されている。この点については，合意による賃金のカットについても参照されたい（後述(2)参照）。

6　H社事件・東京地判平成22年4月9日労経速2079号14頁参照

③ 調整的相殺

　ある支払期に賃金を誤って多く支払ってしまった場合に，翌支払期以降の賃金からこれを差し引くことは，労働者の経済生活を害さない場合には，全額払の原則の例外として許容される（福島県教組事件・最判昭和44年12月18日民集23巻12号2495頁等）。

(ⅳ) 毎月1回以上支払いの原則

　賃金は毎月1回以上一定期日を定めて支払わなければならない（労働基準法24条2項）。ただし，臨時に支払われる賃金，賞与その他これに準ずるもので，1か月を超える期間についての精勤手当，勤続手当，奨励加給または能率手当についてはこの例外とされている（同項ただし書，労働基準法施行規則8条）。同原則により年俸制を採用する場合でも，年俸を12分割して毎月支払われる。

(ⅴ) 定期日払の原則

　使用者は，毎月の支給日を定めて，賃金を支払わなければならない（労働基準法24条2項）。支払日を定めておく方が使用者側の管理コストも下がるため，あらかじめ就業規則や雇用契約において，定期日を定めるのが通常であり，同原則の違反が問題になることは少ないといえる。

(ⅵ) その他の原則—非常時払の原則

　使用者は，労働者が，労働者および労働者の収入により生計を維持する者の出産，疾病，災害等の非常の場合の費用に当てるために請求する賃金の前払いについて，既に労働した対償の賃金については，支払わなければならない（労働基準法25条）。

(2) 賃金カット

(ⅰ) 欠勤・遅刻等による不就労と賃金カット

　使用者は，労働者が欠勤や遅刻した場合の不就労時間については，賃金を支

払う必要はない[7]（ノーワークノーペイの原則）。そして，ノーワークノーペイの原則は，全額払の原則（前述(1)(iii)参照）に優先し，労働者の不就労時間について賃金を支払わなくても全額払の原則には反しない。

(ii) 労務の履行不能による賃金カット

　労務の履行不能による不就労分の賃金カットについては，民法上の危険負担の問題（民法536条1項・2項）が生じ，労務の履行不能につき，使用者の責めに帰すべき事由がある場合とそうでない場合で結論が異なる。

　労務の履行不能について使用者の責めに帰すべき事由がない場合には，使用者に賃金支払債務の履行拒絶が認められる（民法536条1項）。それに対して，使用者の責めに帰すべき事由がある場合には，使用者は賃金支払債務の履行拒絶をすることはできない（民法536条2項）。

　そして，使用者が労務の受領を拒否したことにより，労務の不履行が生じた場合には，基本的には，使用者の責めに帰すべき事由がある場合に該当すると考えられる。もっとも，使用者が労務の受領を拒否した場合でも，そもそも労働者が提供しようとする労働が，債務の本旨に従った労働と評価できない場合には，当該労務の不履行は，使用者の責めに帰すべき事由による労務の不履行には当たらない。なお，労働者が特定の労働に限定しない契約を締結する場合には，従前の労働が十分にできない状態であったとしても，労働者が現実的に配置する可能性のある他の業務への労務の提供を申し出ている場合には，なお債務の本旨に従った労働の提供があるといえると判断した裁判例がある（片山組事件・最判平成10年4月9日労判736号15頁）。

　使用者の責めに帰すべき事由の立証方法については，労働者が自らの責めに帰することのできない事由によって労務が履行できなかったことを主張立証すれば，使用者側が労務の不履行が使用者の責めに帰することができない事由によることを主張立証しない限り，労働者側の賃金請求権は失われないとされて

7　賃金が完全月給制のような場合等，欠勤や遅刻があっても固定の賃金を支払うべき定めがある場合には，労働者の欠勤や遅刻による不就労時間について賃金をカットすることはできない。

いる（いすゞ自動車事件仮処分決定・宇都宮栃木支決平成21年5月12日労判984号5頁）。

　なお，民法536条2項は，任意規定であるため，就業規則等の使用者と労働者の合意で事前に適用を排除し，使用者の責めに帰すべき事由による労務の履行不能の場合に賃金を支払わないとすることができる。ただし，後述の通り，労働基準法は，労働者が使用者の責めに帰すべき事由で休業をした場合に，平均賃金の60％の休業手当の支給を使用者に義務づけているところ（労働基準法26条），かかる休業手当の支払いをしないこととする合意は無効である。

(ⅲ)　休業手当

　前述(ⅱ)の通り，使用者は使用者の責めに帰すべき事由により労務が履行不能になった場合には，別段の合意をしない限り，民法536条2項に基づき，賃金の支払いを拒むことができないのが原則である。

　もっとも，かかる規定は任意規定であるため，使用者と労働者の間の合意により排除することができる。また，同規定における使用者の「責めに帰すべき事由」には，経営上の障害は含まれないと解されていることから，より広く労働者の生活を保護する必要がある。そこで，労働基準法は，使用者の責めに帰すべき事由による休業の場合には，使用者は当該労働者に平均賃金の60％を休業期間に応じて支払わなければならない（労働基準法26条）と規定し，労働者保護を図っている。同規定における，「使用者の責めに帰すべき事由」は，民法536条2項におけるものよりも広く解されており，経営上の障害も天災等による不可抗力によるものでない限り使用者の責めに帰すべき事由に含まれると解されている。

第2節　労働時間と休日

1　労働時間の定め方と変更の仕方

(1)　労働時間の定め方

　労働時間は，始業時刻，終業時刻および休憩時間によって定められる。労働時間の通知の仕方については，就業規則等に定め，それを周知する方法，各労働者に労働条件通知書等を交付する方法で行われることが一般的である。

　なお，前述第2章第5節の通り，常時10人以上の労働者を使用する使用者は，始業時刻，終業時刻および休憩時間を就業規則で定めなければならない（労働基準法89条1号）とされている。そのため，多くのスタートアップが，就業規則で始業時刻および終業時刻を定めなければならないことになるといえる。就業規則の策定例については，厚生労働省が公表している「モデル就業規則」[8]が参考になる。

(2)　始業時刻と終業時刻の変更

　始業時刻および終業時刻の繰上げ・繰下げは，就業規則に根拠規定がない限り，使用者が業務命令で一方的に変更することはできない。そして，一度規定した就業規則に，使用者が業務命令で始業時刻および終業時刻の繰上げおよび繰下げをすることがあることを使用者が勝手に追記することは就業規則の不利益変更（第2章第6節参照）となり，原則として認められない。そのため，始業時刻および終業時刻を定める場合には，あらかじめ始業時刻および終業時刻を繰上げたり繰下げたりできることを規定しておくのが望ましい。

8　厚生労働省「モデル就業規則について」
　https://www.mhlw.go.jp/stf/seisakunitsuite/bunya/koyou_roudou/roudoukijun/
　zigyonushi/model/index.html

2　労働時間に関する基本的なルール

(1)　法定労働時間

　使用者が定めた始業時刻から終業時刻までの時間から，休憩時間を除いた時間を所定労働時間という。所定労働時間は，法定労働時間内で定める必要があり，それを超える所定労働時間の定めは無効となる（労働基準法13条）。また，法定労働時間の規定に，違反した使用者は，6か月以下の懲役または30万円以下の罰金に処せられる（同法119条1号）。

　法定労働時間は，

> ・1週間に40時間
> ・1日に8時間

である[9]。

(2)　法定時間外労働の限度時間

　1週間に40時間，1日に8時間を超えて労働をさせるには，一部の事業を除き，36協定（第5章参照）において，以下の事項を協定し労基署に届出をする必要がある。この場合でも，原則として，月45時間，年360時間を超えることはできない（労働基準法36条4項）。

> ①　労働時間を延長し，または休日に労働させることができる場合
> ②　労働時間を延長し，または休日に労働させることができる労働者の範囲
> ③　対象期間における1日，1カ月，1年の労働時間を延長して労働させることができる時間，または労働させることができる休日
> ④　時間外労働＋休日労働の合計が月100時間未満であり，かつ，2～6か月の平均が80時間以内であること

　9　商業，映画・演劇業（映画の製作の事業を除く），保健衛生業，接客娯楽業の事業であって常時10人未満の労働者を使用する場合は，特例として週44時間1日8時間制が認められている（労働基準法40条1項，労働基準法施行規則25条の21項）。

　36協定による労働時間の延長は原則として，月45時間，年360時間であるが，さらに以下の事項について36協定で協定（特別条項付36協定）をすることで，臨時的に時間外労働を行わなければならない特別の事情が予想される場合に，上記限度時間を超えて労働させることができる。なお，この場合でも，労働時間を延長して労働させることができる時間は，年720時間を超えることができず，月100時間未満でなければならず（労働基準法36条5項），複数月の平均時間が80時間[10]を超えることはできない（同条6項3号）[11]。

---

① 臨時的に限度時間を超えて労働させる必要がある場合における1か月の時間外労働時間＋休日労働の合計時間数（100時間未満），1年の時間外労働時間（720時間以内）
② 限度時間を超えることができる回数（年6回以内）
③ 限度時間を超えて労働させることができる場合
④ 限度時間を超えて労働させる労働者に対する健康及び福祉を確保するための措置
⑤ 限度時間を超えた労働に係る割増賃金率
⑥ 限度時間を超えて労働させる場合の手続

　以上の通り，法定の時間外労働の上限についての規制は2段階になっており（【図表4－3】参照），それぞれにおいて36協定で協定すべき事項が異なる。なお，いずれの場合についても，労働時間を延長する場合に使用者が留意すべき指針（「労働基準法第三十六条第一項の協定で定める労働時間の延長及び休日の労働について留意すべき事項等に関する指針」[12]）が公表されている。

10　対象期間の最初の1月目以降，延長した労働時間及び休日に労働させた時間の合計時間の平均が月80時間を超えることができない（労働基準法36条6項3号）。
11　新技術・新商品等の研究開発業務に関しては，時間外労働の上限に関する規制は適用されないとされている（労働基準法36条11項）。
12　https://www.mhlw.go.jp/web/t_doc?dataId=00011010&dataType=0&pageNo=1

【図表 4 − 3 】　時間外労働の上限規制のイメージ

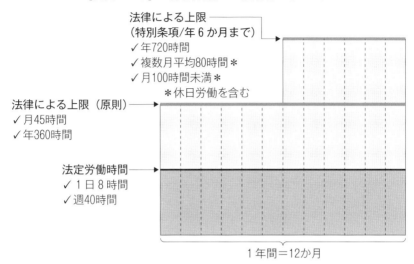

出所：厚生労働省「働き方改革関連法のあらまし（改正労働基準法編）」[13]

(3)　その他のルール

(i)　年少者の労働時間

　年少者（18歳未満の者）については，一定の場合を除き，労働基準法により時間外労働，休日労働やいわゆる変形労働時間制（第 5 章第 2 節参照）により労働させることはできない（労働基準法60条）。また，原則として午後10時から翌日 5 時までの深夜時間帯に労働させることもできない（同法61条）。

(ii)　妊産婦の労働時間

　使用者は，妊産婦から請求があった場合は，時間外，休日および深夜労働をさせることはできない（労働基準法66条）。また，請求をし，または請求により労働しなかったことを理由として解雇その他不利益な取扱いをすることはできない（男女雇用機会均等法 9 条 3 項）。

13　https://www.mhlw.go.jp/content/000611834.pdf

(4)　労働時間とは

「労働時間」とは，始業から終業までの時間の拘束時間から休憩時間を除いた実労働時間である（労働基準法32条）とされており，労働者が実際に働いた時間を指す。そして，使用者の指示なく労働者が残業した場合や，業務の前後の着替え等の準備の時間や業務のための研修の時間等が，労働時間に該当するかという点が問題となる場合がある。

労働時間について，行政解釈では，「労働者が使用者の指揮監督のもとにある時間」とされている。そして，判例（最判平成12年3月9日労判778号11頁）は，「労働時間に該当するか否かは，労働者の行為が使用者の指揮命令下に置かれたものと評価することができるか否かにより客観的に定まるものであって，労働契約，就業規則，労働協約等の定めのいかんにより決定されるべきものではないと解するのが相当である。」と判示している。労働時間に該当するか否かは，その労働の内容や経緯等から実質的に判断されるのである。

(5)　労働時間把握義務

使用者は，労働者の労働時間を把握し，適切に管理する義務があり（平成13年4月6日基発339号「労働時間の適正な把握のために使用者が講ずべき措置に関する基準」）[14]，労働基準法上の義務として，使用者は，それぞれの労働者の労働時間数，時間外労働時間数，休日労働時間数，深夜労働時間数等を賃金台帳に記入しなければならない（労働基準法108条，労働基準法施行規則54条1項）とされている。

労働者の労働時間の管理の具体的な方法については，上記通達が非常に参考になるため参照されたい。要約すると，以下の事項を実施することが求められている。

---

① 使用者は，労働者の労働日毎の始業・終業時刻を確認し記録すること。
② 確認記録方法は，原則として，使用者自らの現認またはタイムカード，IC

14　https://www.mhlw.go.jp/stf/houdou/2r9852000000ufxb-att/2r9852000000ugaf.pdf

カード等の客観的な記録を基礎として記録すること。
③　自己申告制により行わざるを得ない場合には，a 制度導入前に正しい申告を行うよう労働者に十分な説明を行い，b 申告時間の正確性につき必要に応じて実態調査を行い，c 適正な申告を阻害する目的で時間数の上限を設定するなどの措置を講じないこと及び時間外労働時間の削減のための社内通達や時間外労働手当等の定額払等労働時間に係る措置が，労働者の労働時間の適正な申告を阻害する要因となっていないかについて確認するとともに，労働者の労働時間の適正な申告を阻害する要因となっている場合には，改善のための措置を講ずること [15]。
④　労働時間の記録 [16]は，3 年間 [17]保存すること。
⑤　労務管理を行う部署の責任者は，当該事業場内における労働時間の適正な把握等労働時間管理の適正化に関する事項を管理し，労働時間管理上の問題点の把握及びその解消を図ること。
⑥　労働時間管理の状況を踏まえ，必要に応じ労働時間等設定改善委員会等の労使協議組織を活用し，労働時間管理の現状を把握の上，労働時間管理上の問題点及びその解消策等の検討を行うこと

(6)　例外的な労働時間制

　原則的には，1 日 8 時間，週40時間の範囲で所定労働時間を定める必要があるが，例外的に，一定期間内の労働時間を平均して法定労働時間数以内にすることにより，1 週，1 日の所定労働時間が法定労働時間数を超えることが許容される例外的な労働時間制（変形労働時間制）がある。変形労働時間制には，1 か月以内の期間の変形労働時間制（労働基準法32条の 2 ）と，1 か月を超え 1 年以内の期間の変形労働時間制（同法32条の 4 ）がある。
　その他にも例外的な労働時間制として，フレックスタイム制（同法32条の 3 ）や，みなし労働時間制（事業場外みなし労働，裁量労働によるみなし労働，専

15　本文に記載の例のほか，労働者の労働時間の適正な申告を阻害する要因としては，職場単位ごとの割増賃金に係る予算枠や時間外労働の目安時間が設定されている場合において，その時間を超える時間外労働を行った際に賞与を減額するなど不利益な取扱いをしているものがある。
16　労働時間の記録の例としては，使用者が自ら始業・終業時刻を記録したもの，タイムカード等の記録，残業命令書及びその報告書，労働者が自ら労働時間を記録した報告書などが該当する。
17　保存期間である 3 年間の起算点は，それらの書類ごとに最後の記載がなされた日である。

門業務型および企画業務型みなし労働）がある（同法38条の2～38条の4）。詳細については，第5章第3節で述べる。

3 休憩時間に関する基本的なルール

(1) 休憩時間とは

　休憩時間とは，労働者が労働時間の途中において休息のために労働から完全に解放されていることを保証されている時間であり，労働者は休憩時間を自由に利用することができる（労働基準法34条3項）。

　そして，最低限付与すべき休憩時間の長さは法定されており，1日の労働時間が6時間を超える場合は45分以上，8時間を超える場合は1時間以上の休憩時間を与えるべきことが定められている（同法34条1項）。

(2) 一斉付与の原則

　休憩時間は，事業場ごとに労働時間の途中に一斉に与えるべきこととされている（労働基準法34条1項・2項本文）。一斉に休憩を与えることが求められるのは，労働者が任意に指定する時間を休憩時間とすると，他の労働者が労働している中，十分な休憩時間が取りにくい場合等休憩時間が確保されない事態が生じるおそれがあるためと考えられる。

　ただし，一斉付与の原則には，労使協定による例外（労働基準法34条2項ただし書）の他，労働基準法40条による例外と同法41条による適用除外がある。また，一部の事業においては一斉付与の原則は適用されない（労働基準法施行規則31条）。

　また，労使協定で，休憩を一斉に与えないことを規定する場合には，一斉に休憩を与えない労働者の範囲および当該労働者に対する休憩の与え方について，労使協定で定める必要がある（労働基準法施行規則15条1項）。

(3) 休憩時間自由利用の原則

　休憩時間は労働者の自由に利用させるべきこととされている（労働基準法34条3項）。そのため，休憩時間中の過ごし方について，使用者は，合理的な理

由がある場合に最小限の態様で規制ができるに過ぎない。

　なお，使用者の指示がある場合に，いつでもすぐに労働ができるように待機させる，いわゆる手待ち時間について使用者による休憩時間中の行動制限として許容されるか否かが問題となる。もっとも，手待ち時間は，労働から離れることが保障されておらず，そもそも休憩時間には該当しないとされている。

4　休日に関する基本的なルール
(1)　週休制の原則

　使用者は，労働者に対して，毎週少なくとも1回の休日を与えなければならない（労働基準法35条1項）。「休日」とは，労働者が労働契約において労働義務を負わない日である。なお，4週間に4日以上の休日を与える場合（4週4休制）には，毎週1回の休日を取らなくてもよいとされている。もっとも，この場合には4週の起算日を就業規則等で定める必要がある（労働基準法施行規則12条の2第2項）。

　そして，休日を与えるべき曜日について労働基準法上には規定はなく，国民の祝日を休日とするかについても規定はない。また，休日を特定することについても，法は特に義務付けておらず，週休制の趣旨に鑑みて就業規則において休日をできるだけ特定させるよう指導するという方針がとられているに過ぎない（昭和23年5月5日基発682号，昭和63年3月14日基発150号）。したがって，何曜日を休日とするか，国民の祝日を休日とするかは，使用者が自由に指定することができると考えられる。

　次に休日の内容について，休日とは継続24時間の休業ではなく，暦日1日の休業（午前0時から午後12時までの休業）を指す（昭和23年4月5日基発535号）。そのため，2暦日にまたがる労働における休日が認められるかが問題となるが，8時間3交替制のような番方編成による交替制が就業規則等により制度化され，かつ，番方交替が規則的に定められており，勤務割表等によりその都度制度化されるものではない場合には，休日は継続24時間を与えれば差し支えないとされる（昭和63年3月14日基発150号）。

(2) 代　休

　代休とは，所定休日に労働させた代償として使用者が労働者に対し，後から休日を振り替えて与える休日のことをいう。業務の関係でやむをえず，労働者に所定休日に勤務をしてもらう必要がある場合等に代休の付与が行われることが多い。使用者が代休の付与を行うには労働契約上の根拠が必要であり，就業規則等に定めるか，労働者の個別の同意を得ることが必要である。また，後から代休日を付与しているとしても，所定休日に労働をさせていることには変わりがないため，所定休日の労働について割増賃金を付与することを就業規則等に定めている場合には，使用者は割増賃金の支払いをする必要がある。なお，割増賃金については，第3節2参照。

　上記とは異なり，事前に所定休日と所定労働日を入れ替える場合（事前の休日振替）がある。この場合も，所定休日と所定労働日を入れ替えることについて労働契約上の根拠が必要である。労働契約上の根拠がある場合でも，週休1日，または4週4日の休日の要件を充たさない所定休日の変更は認められないため，その場合には，法定休日の労働についての割増賃金が発生する。また，振替により1週の法定時間を超えて労働をさせる場合にも法定時間外労働に対する割増賃金が生じる。

第3節　時間外労働と残業代

1　時間外労働に対する賃金

　時間外労働には，所定労働時間を超えて労働する場合と，法定労働時間を超えて労働する場合がある。所定労働時間とは，前述の通り，就業規則等により使用者と労働者が合意した始業時刻から終業時刻までの時間から休憩時間を引いた時間である。そして，労働者が所定労働時間を超えて労働をした場合には，使用者はその超過した労働時間に対する賃金を支払う必要がある。所定労働時間を超過した場合の賃金について就業規則等で定めていればその基準で算定さ

れる金額，就業規則等に定めがない場合には，通常の労働時間1時間あたりの賃金が支払われなければならない。さらに，法定労働時間を超えて労働をさせた場合には，割増賃金を支払わなければならない（労働基準法37条）。詳しくは，以下を参照。

2　割増賃金

(1)　割増賃金とは

　使用者は，労働者に法定時間外労働，法定休日労働，深夜労働をさせた場合は，割増賃金を支払わなければならない（労働基準法37条）。上記の通り，割増賃金は法定労働時間を超える労働，法定休日における労働，深夜における労働に対して支払うものであり，所定労働時間を超える労働，所定休日における労働に対して支払いが必要となるものではない。もっとも，所定労働時間を8時間としている会社が多いため，事実上，所定労働時間を超える労働時間と法定労働時間を超える労働時間が一致する場合が多いといえる。

(2)　割増賃金の支給対象となる労働時間

(i)　法定時間外労働

　法定労働時間は，原則として1日8時間または1週40時間（前述第2節2(1)参照）である。これを超えて労働者が働いた時間が法定時間外労働である。

　そして，前述の通り，法定労働時間を超えて労働させることができるのは，災害等による臨時の必要がある場合（労働基準法33条）と，時間外および休日労働に関する労使協定（36協定）を締結し，労基署に届け出た場合（同法36条）である点に留意が必要である。これ以外の法定時間外労働は違法である。

(ii)　法定休日労働

　法定休日は，1週1日または4週4日である（労働基準法35条1項・2項）。法定休日における労働が法定休日労働である。法定休日に労働させる際に，事前に法定休日を振り替えた場合には，法定休日における労働とはならないが，

法定休日に労働をさせた後に代休を付与した場合には，法定休日における労働となる（前述第2節4(2)参照）。

　所定休日を土日にするなど，週休2日を所定休日とする企業が一般的であるが，この場合，法定休日は週休2日のうち1日のみで，それ以外の休日における労働（以下「法定外休日労働」という）は法定休日労働とはならない。もっとも，法定休日以外の休日における労働についても法定時間外労働がある場合（例えば，週の労働時間が40時間を超えた場合）には，法定時間外労働に対しての割増賃金の支払対象になる。割増率については，後述の【図表4－6】を参照されたい。

(iii)　深夜労働

　深夜労働とは，午後10時から午前5時まで（厚生労働大臣が必要であると定める地域または期間については午後11時から午前6時まで）の時間における労働は，割増賃金の支払対象となる（労働基準法37条4項）。

(3)　割増賃金の計算方法
(i)　計算式

　実際には，計算ソフトを用いて，割増賃金額を算出するのが一般的であるが，使用者側で計算の内容を把握しておくことは，就業規則の策定の際や，労働者からの未払賃金請求への対応の際に有益である。

　割増賃金の金額は，通常の労働時間における時間単価に割増賃金の支払対象となる労働時間を乗じ，そこに割増率を乗ずることで求めることができる。式にすると以下のようになる。

【図表4－4】　割増賃金の計算式

　計算の便宜のため，1円未満の端数について，50銭未満の端数は切り捨て，

50銭以上の端数は切り上げることは適法とされている[18]（昭和63年 3 月14日基発
150号）。

(ii)　時間単価の算出方法

　　時間単価は，所定労働時間に対する，賃金を時給換算したものである。すな
わち，1 年間の賃金を 1 年間の総所定労働時間で除した金額となる。ここで留
意が必要な点が，賃金に含まれるものとそうでないものの区別である。賃金に
含まれない諸手当等は，時間単価の算定の基礎とならない。賃金に含まれるか
否かの判断基準は以下の表参照。

【図表 4 － 5 】　賃金の時間単価の算定方法

> **1 時間あたりの賃金を計算しましょう**
>
> 月給制の場合も 1 時間あたりの賃金に換算してから計算します。
>
> **月給÷ 1 年間における 1 か月平均所定労働時間**
>
> ここでいう「月給」には次のものは含まれません。
> ┌─ 家族手当・扶養手当・子女教育手当（※）
> │　　通勤手当（※）
> │　　別居手当・単身赴任手当
> │　　住宅手当（※）
> └─ 臨時の手当（結婚手当，出産手当，大入り袋など）
> ※家族数，交通費・距離や家賃に比例して支給するもの。一律支給の場合は月給に含めます。
>
> 例　基本給235,000円，精皆勤手当8,000円，家族手当20,000，通勤手当15,000円
> 　　年間所定休日122日，1 日の所定労働時間が 8 時間の場合
>
> $$\frac{\overset{\text{1 年間の所定出勤日数}}{(365-122)} \times \overset{\text{1 日の所定労働時間}}{8}}{12} = 162 \cdots\cdots \text{1 年間における 1 か月平均所定労働時間}$$
>
> $$\underset{243{,}000}{\underbrace{\text{基本給＋精皆勤手当}}} \div \underset{162}{\underbrace{\substack{\text{1 年間における 1 か}\\\text{月平均所定労働時間}}}} = 1{,}500 \text{円} \cdots\cdots \text{1 時間当たりの賃金}$$

出所：東京労働局「しっかりマスター労働基準法─ 割増賃金編─ 」[19]

18　裁判実務では，一円未満の端数は切り捨てる場合が多い。
19　https://jsite.mhlw.go.jp/tokyo-roudoukyoku/content/contents/000501860.pdf

(iii)　割増率

　割増率は，法定時間外労働に対する割増率，法定休日労働に対する割増率，深夜労働に対する割増率がそれぞれ規定されており，法定時間外労働に対する割増率は超過時間毎に割増率が異なる。そして，法定休日労働割増率については，法定時間外労働割増率とは重ねて適用されない。

　なお，法定時間外労働が月60時間を超えた場合の割増賃金率50％について，中小企業に対しては，令和4年3月31日までは上記割増率の適用が猶予され25％とされていたが，令和4年4月1日から50％に変更された点に注意が必要である。

【図表4－6】　割増率

割増率

分類	該当事由	割増率
休日労働	法定休日に働いた場合	35％以上
深夜労働	法定休日に午後10時から午前5時までの間に働いた場合	60％以上
	午後10時から午前5時までの間に働いた場合	25％以上
法定時間外労働	法定時間（週40時間，1日8時間）を超え，かつ午後10時から午前5時までの間に働いた場合	50％以上
	法定時間（週40時間，1日8時間）を超えて働いた場合	25％以上
	法定時間（週40時間，1日8時間）を超えて働いた時間が月60時間を超えた場合	50％以上

(4)　割増賃金の支払いについて問題となる点

(i)　労働時間該当性

　割増賃金の支払いにおいて，対象となる労働時間が，そもそも労働時間に該当するか，ということが問題になることがある。例えば，研修や朝礼に要する時間が労働時間に該当するかが問題となることがある。

　労働時間かどうかは，始業時刻から終業時刻までの拘束時間から休憩時間を引いた時間のうち，労働者の行為が使用者の指揮命令下に置かれたものと評価することができるか否かにより客観的に判断される。そして，使用者の指揮命令は，明示的なものに限られず黙示の指示も含まれると解されており（静岡県教育委員会事件・最判昭和47年4月6日労判153号9頁），残業で業務をすることを当然として上司が容認していた場合や，時間外労働せざるを得ない客観的事情がある場合には黙示の指揮命令が認められる傾向にある。

　労働時間に該当するか否かは個別の労働の状況毎に判断されるものであるため，使用者が自ら判断がつかない場合には，専門家に判断を仰ぐことをお勧めする。

(ii)　管理監督者性

　詳しくは，第4節で解説をするが，「監督若しくは管理の地位にある者」（労働基準法41条2号）については，労働時間・休憩・休日の規定の適用が除外されるため，割増賃金はおろか残業代の支給も不要である。そのため，当該労働者が管理監督者に該当するか否かが，争われる事例が少なくない。

(5)　遅延損害金と付加金

(i)　遅延損害金

　令和2年4月の民法改正に伴い，商事法定利率（年6％）は撤廃され，法定利率は3％とされたが（民法404条2項），使用者が労働者に対する退職手当を除く賃金の全部または一部を当該労働者が退職するまでに支払わなかった場合（退職後に支払期日が到来する賃金についてはその期日。以下同じ）には，労

働者は退職をした日の翌日から，14.6％の割合による遅延損害金を請求することができる（賃金の支払の確保等に関する法律6条1項，同法施行令1条）。

(ⅱ)　付加金

　使用者が解雇予告手当（労働基準法20条1項），休業手当（同法26条），時間外・休日・深夜労働の割増賃金（同法37条）の支払義務に違反した場合または年次有給休暇中の賃金（同法39条9項）を支払わなかった場合には，裁判所は，労働者の請求により，それらの規定により使用者が支払わなければならない金額についての未払金のほか，これと同一額の付加金の支払いを命ずることができる（同法114条）。この付加金の支払義務は，使用者が事実審の口頭弁論終結時までに使用者が未払金を支払わない場合に，裁判所の判決により発生する。裁判所の判決にかかる判断においては，使用者による労働基準法違反の態様，労働者の受けた不利益の程度等諸般の事情を考慮して，支払義務の存否・額が決められる。

第4節　管理監督者

1　管理監督者とは

　「管理監督者」とは，労働条件の決定その他労務管理について経営者と一体的な立場にある者をいい（労働基準法41条2号），労働基準法に定められている労働時間，休憩，休日の規定の適用を受けない。そのため，当該労働者が管理監督者に該当するのか否かは重要な論点となる。

　なお，管理監督者は労働時間，休憩，休日の規定の適用を受けないのみであり，管理監督者に対しても深夜労働の割増賃金等の規定や，有給休暇の規定は適用になる点は注意が必要である。

2 管理監督者性の判断基準

　管理監督者に該当するか否かは，その役職名ではなく，職務内容や責任と権限，勤務態様等の実態によって判断される。当該企業内で管理職であると認識している役職であっても実態に基づき判断した結果，管理監督者性が否定されることも少なくない。

　管理監督者と認められるための要件は，①経営者と一体的な立場で仕事をしていること，②自己の出退勤をはじめとする労働時間について裁量権を有していること，③その地位と権限に相応しい賃金（基本給，手当，賞与）上の処遇を与えられていることとされている。

　実務的には，指揮命令権限を持たないが，管理監督者と同様の待遇を受ける者（いわゆる「スタッフ管理職」）が増加傾向にあるが，この点について，行政解釈では，企業内における処遇の程度によっては，管理監督者と同様に取扱い，法の規制外においてもこれらの者の地位からして特に労働者の保護にかけるおそれがないと考えられ，かつ，法が監督者の他に管理者も含めていることに着目して，一定の範囲の者については，管理監督者に含めて取り扱うことが妥当であるとしている（昭和22年9月13日労基17号，昭和63年3月14日揮発150号）。スタッフ管理職については，特に他の管理監督者と同等の地位，給与等の待遇が必要であるとされている[20]。

　スタートアップにおける管理監督者性が問題となった裁判例はあまり多くはなく，明確な判断基準を見出すことは困難であるが，①，②の要件は比較的判断が容易であると考えられる。③につき管理監督者として支給される賃金が，通常の待遇における割増賃金を考慮した賃金よりも下回る場合には，注意が必要である。

　管理監督者性が争いになった裁判例は多数存在するが，実際に管理監督者性が認められた裁判例は極めて少ない。

20　東京労働局「しっかりマスター　労働基準法―管理監督者編―」
　　https://jsite.mhlw.go.jp/tokyo-roudoukyoku/content/contents/000501863.pdf

第5節　固定残業代制

1　固定残業代制とは

　前述の通り，使用者は，法定時間外労働，法定休日労働，深夜労働に対しては割増賃金を支払わなければならない。実務上，これらの割増賃金をあらかじめ給与に組み込んで，または毎月最低限の残業代として支給する運用を行うことがある。これを固定残業代制という。固定残業代制を採用すると，一定時間以上の残業はしてもしなくても，労働者に対して支払われる賃金の額は変わらないため[21]，不要な残業を削減する効果が期待できる。

2　適法な固定残業代制の要件

　固定残業代制はどのような場合に適法と判断されるのかについては，テック・ジャパン事件（最判平成24年3月8日労判1060号5頁）の櫻井龍子裁判官の補足意見が参考になる。同補足意見では，要約すると固定残業代制が有効とされるためには，①毎月の給与の中に一定時間の残業手当が算入されていることを雇用契約上明確にすること，②支給時に支給対象の時間外労働の時間数と残業手当の額が労働者に明示されていること，③一定時間を超えた残業がある場合には，別途上乗せして残業手当を支給する旨も明示することが必要とされている。そして，その後の裁判例（アクティリンク事件・東京地判平成24年8月28日労判1058号5頁）でも，上記補足意見に近い基準で固定残業代制の適法性を判断している。同裁判例では，固定残業代制が許容されるためには，実質的に見て，当該手当が時間外労働の対価としての性格を有していること，支給時に支給対象の時間外労働時間数と残業手当の額が労働者に明示され，固定残業代によってまかなわれる残業時間数を超えて残業が行われた場合には別途精算す

21　例えば，あらかじめ毎月の賃金に10時間分の固定残業代を合わせて支給している場合，10時間未満の残業は，してもしなくても労働者に支払われる給与（賃金＋固定残業代）に変化はない。

る旨の合意が存在するか，少なくともそうした取扱いが確立していることが必要であると判示されている。

　また，毎月の給与の中に組み込むのではなく，手当として支給する場合には，当該手当が時間外労働に対する割増賃金とする趣旨であるか否かが争われることが多く，通常賃金とは明確に区分できることが必要である。

　そして，固定残業代制の適法性とは異なる問題として，労働者の募集の段階で固定残業代も含めた月の総支給額を基本給のように表示し，労働者の募集広告をすることで，基本給を実際よりも高額に見せる表示を行うことがある。当該表示は固定残業代制度の趣旨からは不適切とされており，場合によっては支給する固定残業代が割増賃金の支払いと認められない可能性もあるため，注意

【図表 4 − 7 】　募集広告における注意点

あなたの会社は
固定残業制？
大丈夫ですか？

（ 1 ）　具体的に書かれているようでいて，実はあいまいな書き方の固定残業制には要注意！
（ 2 ）　適正な固定残業制を採用する場合は，①固定残業代は○時間分か○万円，②（固定残業代を除いた）基本給○万円，③実際の残業代が固定残業代を超える場合は残業代を追加して支払うことを明示する必要があります。

こんな募集広告は要注意！
◆金額など具体的に書いてあるように見える。しかし，残業時間数や手当の額など肝心なことが書かれていない。

　　給与235,150円は確実
　（一律残業手当を含む）

→

これならひと安心！
◆①基本給額　②固定残業代に相当する残業時間数か割増賃金額　③固定残業代を超えた部分は追加して支払うとはっきり書かれている。

①基本給200,000円＋②固定残業手当
　　（20時間分35,150円）
③20時間超の残業代は追加して支払う

※固定残業制（定額残業制・一律残業制・みなし残業制など）は，実際に残業したか否かにかかわらず，毎月，一定時間の残業等（時間外・深夜・休日労働など）の割増賃金を支払うものを指します。

出所：厚生労働省「労働条件をめぐる悩みや不安・疑問は労働条件ほっとラインへ」[22]

22　https://jsite.mhlw.go.jp/hyogo-roudoukyoku/content/contents/000299205.pdf

をする必要がある（【図表4－7】参照）。場合によっては，固定残業代に加えて，さらに残業代を追加で支払う必要もある。

【図表4－8】　賃金に該当するもの

賃金と解されるものの例	
労働基準法26条に基づき支給される休業手当	同条で支給が義務付けられる休業手当（使用者側の事由による休業に対する休業手当）は賃金に該当するが，これを超えて使用者が恩恵的に給付した手当は，賃金とはならない。
有給休暇日の給与	有給休暇日に対して支払われる給与は賃金である。
住宅手当	賃金に該当するが，割増賃金の基礎となる賃金には算入されない（労働基準法37条5項，労働基準法施行規則20条3号）。
物価手当または勤務地手当	賃金に該当するが，1か月を超える期間ごとに支払われる場合には，割増賃金の基礎となる賃金には算入されない（労働基準法37条5項，労働基準法施行規則20条5号）。
健康保険法に基づく傷病手当支給前の3日間について事業主から支払われる手当	健康保険法に基づく傷病手当金支給開始前の3日間に事業主から支払われる給与は賃金とされる。ただし，恩恵的でないものに限る。
健康保険法に基づく傷病手当金支給終了後に事業主から支払われる給与	健康保険法に基づく傷病手当金支給終了後に事業主から支払われる給与は賃金とされる。ただし，恩恵的でないものに限る。
さかのぼって昇給したことによって受ける給与	個々人に対する昇給額が未決定のまま離職した場合において，離職後支払われる昇給差額については，個々人に対して昇給をするということおよびその計算方法が決定しており，その計算の結果が離職時までにまだ算出されていない場合にも，事業主としては支払義務が確定したものとなるから，賃金と認められる。
通勤手当	賃金に該当するが，割増賃金の基礎となる賃金には算入されない（労働基準法37条5項）。

日直，宿直手当	使用者の指示により，通常の労働時間外に労働をするにあたっての手当は賃金に当たる。
単身赴任手当	転勤が命ぜられ転勤先事業所に住居がないため単身で赴任し一時的に家族と別居する場合に支払われる手当は賃金に当たる。もっとも，割増賃金の基礎となる賃金には算入されない（労働基準法37条5項，労働基準法施行規則20条1号）。
受験手当および転勤休暇手当	勤務先の業務に関連する試験を受けた場合に支払われる受験手当および転勤に要する期間中について支払われる転勤休暇手当は，実費弁償的なものであれば賃金としないことは当然であるが，日給者については定額賃金の支払われない日について，それらの手当が支払われる場合であって，その額が労働した日に支払われていた定額賃金とほぼ同程度であるものは，賃金と認められる。
住居の利益	住居施設を無償で供与される場合において，住居施設が供与されない者に対して，住居の利益を受けるものと均衡を失しない定額の均衡手当が一律に支払われる場合は，当該住居の利益は賃金とはならない。

出所：厚生労働省「50401-50600　第5　賃金日額の算定の基礎となる賃金の範囲」[23]

【図表4－9】　賃金に該当しないと解されるもの

賃金と解されないものの例	
休業補償費	労働基準法76条の規定に基づく休業補償費は，無過失賠償責任に基づき事業主が支払うものとされており，労働の対償ではないので賃金とは認められない。休業補償の額が平均賃金の60％を超えた場合でも，その分も含めて賃金とは認められない。
傷病手当金	健康保険法99条の規定に基づく傷病手当は，健康保険の給付金であって，賃金とは認められない。

23　https://www.mhlw.go.jp/file/06-Seisakujouhou-11600000-Shokugyouanteikyoku/0000207133.pdf

工具手当・寝具手当	一般的に実費弁償的性格のものであって，賃金とは認められないもの。
チップ	チップは接客係等が，客からもらうものであるから，原則として賃金とは認められない。ただし，一度使用者が回収し，再分配する場合には，賃金と認められる。
脱退給付金付き団体定期保険の保険料	福利厚生にあたり，賃金とは認められない。
会社が全額負担する生命保険の掛金	従業員の退職後の生活保障や在職中の死亡保障を行うことを目的として事業主が従業員を被保険者として保険会社と生命保険等厚生保険の契約をし，会社が当該保険の保険料を全額負担した場合の当該保険料は，賃金とは認められない。
解雇予告手当	労働をしない期間の賃金相当額の付与であるため，労働の対償とはいえず，賃金には該当しない。
慰労金	業績躍進特別運動を行った後，運動中の従業員に対して支給される慰労金は，その支給が事業主に義務付けられていない場合は，賃金とは認められない。
安全衛生表彰規定に基づく個人褒賞金	安全衛生表彰規定により，支給される褒賞金であっても，稟申基準に該当し褒賞対象として申請しても，その決定が常務会等の裁量行為となっている場合は，一定期間に一定以上の成績を挙げれば褒賞金が支給されるという期待とその可能性が不明確であり，恩恵的給付であると認められるので，賃金とは認められない。
勤続褒賞金	勤続年数に応じて支給される勤続褒賞金は，一般的には，賃金とは認められない。
外国駐在員に対して支払われる外地給与	外地給与は賃金とされるが，当該外地給与がその者が日本国内において勤務する場合に通常支払われるべき給与の額（定期的に昇給される者については，その昇給分を含めて差し支えない）を超えて支払われる場合は，その超過額に相当する額については，通常実費弁償的な性質を有するものと考えられるので賃金とは認められない。

	なお，日本在住の本人の扶養家族に支払われる内地給与は賃金である。

出所：厚生労働省「50401-50600　第5　賃金日額の算定の基礎となる賃金の範囲」[24]

第6節　有給休暇

1　年次有給休暇

(1)　年次有給休暇とは

　年次有給休暇（以下「年休」という）とは，①雇入れの日から6か月継続勤務し，②全労働日の8割以上出勤した労働者に法律上当然に発生する有給休暇である（労働基準法39条1項）。

(i)　継続勤務

　継続勤務の起算日は，労働者の雇入れの日である。継続勤務について，短期労働契約を反復更新する場合に，短期労働契約の期間ごとに継続勤務の期間を区切るかどうかが問題になるが，この点については，「実態より見て引き続き使用されていると認められる」か否かを基準とするとされている（昭和63年3月14日基発150号）。

(ii)　全労働日の8割以上の出勤

　同要件の基準となる，全労働日とは，「労働者が労働契約上労働義務を課されている日数」（最判平成4年2月18日労判609号12頁）とされている。
　もっとも，労働契約上労働義務を課されている日数であっても，
　a　不可抗力による休業日，
　b　使用者側に起因する経営，管理上の障害による休業日，

24　https://www.mhlw.go.jp/file/06-Seisakujouhou-11600000-Shokugyouanteikyoku/
0000207133.pdf

c 正当なストライキにより就労しなかった日など

は「労働日」に入らないとされている（昭和33年2月13日基発90号，昭和63年3月14日基発150号）。

他方で，労災休業期間，産前産後休業期間，および育休期間は労働日に含まれるが，出勤したものとみなされ（労働基準法39条8項），年休を取得して休んだ日についても出勤したものとして扱われる（昭和22年9月13日基発17号）。

⑵ 法定付与日数

前述の通り，年休は，①雇入れの日から6か月継続勤務し，②全労働日の8割以上出勤した労働者に法律上当然に発生する（労働基準法39条1項）。そして，勤続年数等に応じて付与される年次有給休暇の日数も法定されている（労働基準法39条1項・2項・3項）。

フルタイム勤務の通常の労働者については，勤続半年を経過した時点で10日間の有給が付与され，以降勤続年数が増えるごとに付与される年次有給休暇の日数も増える。

【図表4－10】 年次有給休暇の付与日数

〔通常の労働者の付与日数〕

継続勤務年数	0.5	1.5	2.5	3.5	4.5	5.5	6.5以上
付与日数	10	11	12	14	16	18	20

〔週所定労働日数が4日以下かつ週所定労働時間が30時間未満の労働者の付与日数〕

	週所定労働日数	1年間の所定労働日数（※）	継続勤務年数						
			0.5	1.5	2.5	3.5	4.5	5.5	6.5以上
付与日数	4日	169日～216日	7日	8日	9日	10日	12日	13日	15日
	3日	121日～168日	5日	6日	6日	8日	9日	10日	11日
	2日	73日～120日	3日	4日	4日	5日	6日	6日	7日
	1日	48日～ 72日	1日	2日	2日	2日	3日	3日	3日

※週以外の期間によって労働日数が定められている場合
出所：厚生労働省「年次有給休暇取得促進特設サイト」[25]

　パートタイマー等の週の所定労働日数が 4 日以内かつ週の所定労働時間が30時間未満の労働者については，年次有給休暇の付与日数は週の所定労働日数ごとに勤続年数に応じた日数が付与される。

2　労働者の時季指定権と使用者の時季変更権

(1)　労働者の時季指定権

　労働者は，年休を取得する時季を指定することができ，使用者は労働者が指定する時季に年休を与えなければならない（労働基準法39条 5 項本文）。労働者の時季指定権の行使は，労働者が休暇を取る日と期間を届け出ればよく，使用者の承諾や一定の様式は不要である。

(2)　使用者の時季変更権

　使用者は，労働者が指定する時季に休暇を与えなければならないのが原則であるが，使用者は，「請求された時季に有給休暇を与えることが事業の正常な運営を妨げる場合においては，他の時季にこれを与えることができる」（労働基準法39条 5 項）とされている。

　そして，「事業の正常な運営を妨げる場合」とは，当該請求された時季における当該労働者の労働がその事業場の運営にとって必要不可欠であり，代替要員を確保することが困難であることが必要であると解されている。裁判例では，かかる判断にあたり，その事業の規模・業務内容，当該労働者の職務内容・繁忙度，代替要員確保の困難度，代替による事業への影響の程度，休暇期間の長短などの要素が考慮されている。

　時季変更権の適法な行使の例としては，同時季に多くの労働者が年休の取得を希望している場合等が想定されており，単に繁忙期であるからといった理由では時季変更権の行使は認められないと考えられる。

　裁判例では，就業規則であらかじめ年休の時季指定について一定の制限を設

25　https://www.mhlw.go.jp/seisakunitsuite/bunya/koyou_roudou/roudoukijun/jikan/sokushin/roudousya.html

けておくことで，時季変更権の行使の適法性の判断において有利に考慮される場合がある。この場合でも，年休の時季指定についての制限を定める就業規則に違反する年休の時季指定自体が無効になるのではなく，あくまで使用者側の時季変更権行使の適法性の判断要素とされると考えられている点に留意が必要である。

(3) 使用者の時季指定義務
(i) 時季指定義務が法定された経緯
　使用者は，年休のうち5日は，基準日から1年以内にその時季を指定して取得させなければならない（労働基準法39条7項）とされている。これは，労働者が心身ともにリフレッシュを図ることを目的として年休の付与日数を法定したものの，実際には年休が取得されないことが多く，年休の取得率が低迷していたことから，労働者から年休の取得の申請がない場合でも，使用者が時季を指定して年5日は年休を取得させる義務（時季指定義務）を法定したものである。時季指定義務の違反には罰則[26]（労働基準法120条1項）も規定されている。

(ii) 使用者による時季指定が必要になる場合
　時季指定義務の対象となる労働者は，法定の有給休暇の付与日数が10日以上である労働者である。
　使用者は対象となる労働者に対し，年休を付与した日[27]（基準日）から1年以内に年休のうち5日の取得時季を指定する必要がある。
　そして，時季指定義務は一定の労働者を対象として法定の年休のうち5日間を確実に取得させることを目的とするものであるから，労働者が時季指定義務を負うのは，労働者が自ら時季指定して取得した年休や労働者が前年度から繰り越して取得した年休が5日間に不足する分についてであり，労働者が自ら指

26　30万円以下の罰金
27　年休の取得日を法定の基準日ではなく，入社日としている場合には，入社日から1年以内に時季指定をする義務がある点に留意が必要である。

定して取得した年休が 5 日間以上である場合には使用者が時季を指定して年休を取得させる義務はない。また，法定の年休とは別に使用者が定めるリフレッシュ休暇等の特別休暇の取得日数を上記 5 日間から控除することはできない点に留意が必要である。そして，同様の趣旨から，使用者は年 5 日を超える日数についての時季指定をすることはできないとされている（平成30年12月28日基発1228第15号）。

【図表 4 −11】　使用者の時季指定義務

〔時季指定義務のポイント〕

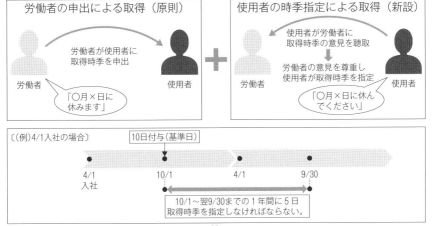

出所：厚労省「年次有給休暇の時季指定義務」[28]

(iii)　時季指定義務の行使方法

　　使用者は，時季指定が必要な場合には，労働者の意見を聴取し，聴取した意見を尊重して，年休の時季を指定しなければならない（労働基準法施行規則24条の 6 ）。また，一度指定した年休の時季を労働者の意見を再度聴取して，その意見を尊重した上で変更することも可能であるとされている（平成30年12月28日基発1228第15号）。

　　そして，休暇に関する事項（労働基準法89条 1 号）は，就業規則における絶

28　https://www.mhlw.go.jp/content/000350327.pdf

対的必要記載事項（同法89条）であるため，使用者による取得時季の指定を行うためには，就業規則に時季指定の対象となる労働者の範囲および時季指定の方法等について規定しておく必要があるという点に注意が必要である（規定例につき下記参照）。

【就業規則への規定例】

（規定例） 第〇条 １項～４項（略）　（※）厚生労働省 HP で公開しているモデル就業規則をご参照ください。 ５　第１項又は第２項の年次有給休暇が10日以上与えられた労働者に対しては，第３項の規定にかかわらず，付与日から１年以内に，当該労働者の有する年次有給休暇日数のうち５日について，会社が労働者の意見を聴取し，その意見を尊重した上で，あらかじめ時季を指定して取得させる。ただし，労働者が第３項又は第４項の規定による年次有給休暇を取得した場合においては，当該取得した日数分を５日から控除するものとする。

出所：厚生労働省・都道府県労働局・労働基準監督署「年５日の年次有給休暇の確実な取得　わかりやすい解説」７頁

第5章

スタートアップにおける
柔軟な労働環境設計

第1節 はじめに

　労働基準法においては，就業規則その他これに準ずるものにより定められた一定の始業・終業時間に則って勤務するという勤務形態が原則として想定されている。しかし，近年，働き方やライフスタイルの多様化に伴い，このような形態以外にも柔軟な勤務形態が採用されるようになっている。

　特にスタートアップにおいては，多様な勤務形態を採用することが労働者の応募へのモチベーションや生産性向上にもつながることから，これらの制度を理解して柔軟な労働環境設計を用いることは有益である。

　もっとも，これらの労働環境設計を導入するに際しては，導入のために手続が必要となる場合があるため留意する必要がある。また，労働環境が柔軟であるということは，反面，適切な運用を行わないと時間外労働などの温床となるおそれを含んでいる。そのため，導入する企業においては各制度の内容や法的規制について適切に把握し運用することが肝要である。

　また，令和2年以降，新型コロナウイルスの影響により出社が制限された結果，自宅等のオフィス以外の場所で勤務するテレワーク（リモートワーク）を導入する企業が増加した。本章においてはこれらのテレワークについても言及する。

　加えて，近年の働き方改革の影響を受けて，パートタイム・有期雇用労働者と正社員との間の不合理な待遇差を是正するために，令和2年4月1日（中小企業は令和3年4月1日から適用）には短時間労働者及び有期雇用労働者の雇用管理の改善等に関する法律（いわゆるパートタイム・有期雇用労働法）が施行された。本章では同法の中で特に留意すべき点について言及するとともに，企業が同法に対応するための手順についても簡潔に説明を試みる。

第2節 **変形労働時間制**

1　変形労働時間制とは

(1)　法定労働時間

　労働基準法は，労働時間の限度を，原則として，1週40時間以内，かつ，1日8時間以内とし，休日を1週に1日以上与えることを要請している（労働基準法32条・35条）。一部の例外として，【図表5－1】に定めるような業種で，常時使用する労働者の人数が10名未満の事業場（特例措置対象事業場）においては，週の法定労働時間が44時間となる。法定時間を超える労働は時間外労働となるが，労働者が時間外労働を行うためには，使用者は労働者との間で労働基準法36条に基づく労使協定（いわゆる「36協定」）を締結し，所轄労働基準監督署長に届け出る必要がある。

【図表5－1】　特例措置対象事業場の例

	該当する業種
商業	卸売・小売・不動産管理・出版などの商業
映画・演劇業	映画の映写・演劇などの興業
保健衛生業	病院・診療所・保育園・老人ホームなどの社会福祉施設
接客娯楽業	旅館・飲食店・理美容・遊園地などの接客娯楽業

(2)　変形労働時間制

　変動労働時間制とは，一定の期間における労働時間が平均して「1週40時間（特例措置対象事業場においては44時間）」という法定労働時間の範囲内であれば，特定の日や特定の週の労働時間が1日8時間，1週40時間を超えたとしても，時間外労働（残業）としての取扱いを不要とする制度である。

　変形労働時間制には，①1か月単位の変形労働時間制（労働基準法32条の2），②1年単位の変形労働時間制（同法32条の4），③1週間単位の非定型的変形労

働時間制（同法32条の5）の3種類が存在する。

　例えば，月の前半と後半の業務量に差がある場合などは，1か月単位の変形労働時間制を導入することで，月の前半は1日あたりの所定労働時間を6時間とし，月の後半は所定労働時間を9時間とするというような柔軟な定め方をすることが可能となる。

2　変形労働時間制の種類
⑴　1か月単位の変形労働時間制
　変形労働時間制を導入している企業に多くみられるのが1か月ごとに就労時間を設定する1か月単位の変形労働時間制である（労働基準法32条の2）。

　例えば，1か月を変形労働時間制の期限とした場合，【図表5−2】に定める月ごとの法定労働時間に収まるように各日・週ごとに労働時間を振り分けていくこととなる。

【図表5−2】　月ごとの法定労働時間

1か月の総日数	法定労働時間数
28日	160.0時間
29日	165.7時間
30日	171.4時間
31日	177.1時間

⑵　1年単位の変形労働時間制
　1年単位の変形労働時間制は，1か月以上1年未満の期間で労働時間を設定する変形労働時間制である（労働基準法32条の4）。例えば，シーズンごとに繁忙期・閑散期があるような企業であれば，閑散期の所定労働時間を短くし，その分繁忙期の所定労働時間を増やすといった労働時間設計が可能となる。

　労働時間設計にあたっては，年間の就業時間数が，【図表5−3】に記載する年間の法定労働時間内に収まるようにする必要がある。

【図表5－3】　年間の法定労働時間

1年の総日数	法定労働時間数
365日	2085.7時間
366日（閏年）	2091.4時間

　なお，1年単位の変形労働時間制には，休日の取り方についても【図表5－4】のような規制がある。

【図表5－4】　休日に関する制限

規制の項目	規制の内容
1年あたりの労働日数	280日（年間休日85日）まで
1週間あたりの労働時間	52時間まで
1日あたりの労働時間	10時間まで
原則連続で労働できる日数	連続6日まで
特定期間に連続で労働できる日数	最大連続12日まで（1週間に1日の休みが必要）

　上記の規制は，閑散期にまるまる休ませて，繁忙期に31日全部働かせるようなことを防ぐために設けられた規制である。

(3)　1週間単位の非定型的変形労働時間制

　1週間単位の非定型的変形労働時間制（労働基準法32条の5）は，労働者が30人未満であり，かつ小売業，旅館，料理店，飲食店の事業で使える制度である。この制度を使えば，週の法定労働時間を超過しない範囲で，労働者を1日10時間まで労働させることが可能となる。日によって業務の忙しさに差があるものの，規則性がなく1か月単位で勤務シフトを組むことが難しいような業種に適している。

3　変形労働時間制の導入方法
⑴　1か月単位の変形労働時間制の場合

　1か月単位の変形労働時間制は，月の法定労働時間に収まるように所定労働時間を設定して，就業規則に記載（変形期間中の始業時刻，終業時刻，変形期間の開始日等を明示する必要がある）をすれば，変更後の就業規則について労働基準監督署に提出することなく導入が可能である。なお，常時使用する労働者が10人以上の場合は，1か月単位の変形労働時間制の採用の有無にかかわらず，就業規則を労働基準監督署に対して届出する必要がある（労働基準法89条）。

⑵　1年単位の変形労働時間制および1週間単位の非定型的変形労働時間制の場合

　下記の事項について労働者の過半数で構成された労働組合か，それがない場合は労働者の過半数を代表する労働者代表との間で労使協定を結び，所轄の労働基準監督署長に届け出る必要がある。また，労働者が10人以上の場合の就業規則の届出義務は⑴と同様である。

- 対象労働者の範囲
- 対象期間および起算日
- 特定期間（特に繁忙な時期として定めることができる期間）
- 労働日および労働日ごとの労働時間
- 労使協定の有効期間

4　時間外労働（残業）の考え方

　変形労働時間制を導入した場合でも，時間外労働が発生した場合，時間外労働に対する割増賃金の支払いが必要となる。また，変形労働時間制を導入していても，就業規則で定めた労働時間を変動することはできないということに注意が必要である。例えば，就業規則で所定労働時間を7時間と定めた日に，労働者が8時間働いた場合，翌日の所定労働時間を1時間減らして調整するとい

【図表5－5】　各変形労働時間制の内容一覧表

区分	1か月単位の変形労働時間制	1年単位の変形労働時間制	1週間単位の非定型変形労働時間制
根拠要件	就業規則または労使協定	労使協定	労使協定
業種等による制限	なし	なし	労働者が30人未満の小売業，旅館，料理店，飲食店の事業
対象期間	1か月以内	1か月超1年以内	1週間
各日の所定労働時間の特定方法	就業規則または労使協定	労使協定	1週間ごとに該当週の前日までに書面で通知
1日の所定労働時間の上限	なし	10時間（タクシー業の隔日勤務の場合は16時間）	10時間
1週の所定労働時間の上限	なし	52時間（対象期間が3か月を超える場合，週48時間を超える週は3回まで，かつ，3か月間に3回まで。ただし，積雪地において一定の業務に従事する者は除く）	40時間
連続労働日数	法定休日以外の制限なし	6日（特定期間については12日）	法定休日以外の制限なし
特例措置対象事業場の週平均労働時間	44時間	40時間	40時間
時間外労働の限度基準	原則1か月45時間，1年360時間	対象期間が3か月を超える場合は，原則1か月42時間，1年320時間	原則1か月45時間，1年360時間

うことは認められない。

　変形労働時間制を導入した場合には，労働時間が就業規則で定めた所定労働時間を超えていないかどうか，および，就業規則で定めた所定労働時間が法定労働時間を超えていないかどうかの二重のチェックが必要となる。

フレックスタイム制

1　フレックスタイム制とは

　フレックスタイム制とは，あらかじめ定めた総労働時間の範囲内で，労働者が日々の始業・終業時刻，労働時間を自ら決めることのできる制度である（労働基準法32条の3）。労働者が自己のライフスタイルに合った始業・終業時間で仕事が行える取組みとして，従業員満足度の為にフレックスタイム制を取り入れる企業も増えている。

　フレックスタイム制は，社内全体で設けなくても，部署ごと，もしくは個人に対して設けることが可能である。そのため，業務の内容や性質に合わせてフレックスタイム制を導入する対象を決めることで，企業全体としてより効率的な業務が行えるような体制を整えることが望ましい。

2　フレックスタイム制の導入方法

　フレックスタイム制の導入には，①就業規則等への規定と②労使協定の締結が必要となる。なお，清算期間が1か月を超える場合には，後述のように，所轄の労働基準監督署への労使協定の提出が必要となる。

(1)　就業規則等への規定

　フレックスタイム制を導入するためには，フレックスタイム制の適用について就業規則等に明確に定め，これを従業員に周知する必要がある。

　ここでいう周知とは，従業員に対し規定内容を明確に認識させることまでは

不要であり，労働者が規定を確認しようと思えばいつでも確認し得る状態に置いてあることで足りると解されている。

　具体的には，社内のイントラネット上に就業規則等がアップロードされており，従業員がいつでもアクセスできるような場合には，周知がなされているとみなされる。

【就業規則の例】

（適用労働者の範囲）

第〇条　第〇条の規定にかかわらず，企画部に所属する従業員にフレックスタイム制を適用する。

第〇条　フレックスタイム制が適用される従業員の始業および終業の時刻については，従業員の自主的決定に委ねるものとする。ただし，始業時刻につき従業員の自主的決定に委ねる時間帯は，午前〇時から午前〇時まで，終業時刻につき従業員の自主的決定に委ねる時間帯は，午後〇時から午後〇時までの間とする。

2　午前〇時から午後〇時までの間（正午から午後1時までの休憩時間を除く。）については，所属長の承認のないかぎり，所定の労働に従事しなければならない。

（清算期間及び総労働時間）

第〇条　清算期間は1箇月間とし，毎月〇日を起算日とする。

2　清算期間中に労働すべき総労働時間は，〇時間とする。

（標準労働時間）

第〇条　標準となる1日の労働時間は，〇時間とする。

（その他）

第〇条　前条に掲げる事項以外については労使で協議する。

出所：厚生労働省「フレックスタイム制のわかりやすい解説＆導入の手引き」（令和3年3月5日）[1]を参考に作成

(2)　労使協定の締結

　フレックスタイム制を導入するためには，下記の事項について労使協定で定

1　https://www.mhlw.go.jp/content/000476042.pdf

める必要がある。また，清算期間が1か月を超える場合には，労使協定届を所
轄の労働基準監督署長に届け出る必要があり（労働基準法32条の3第4項・32条
の2第2項），これに違反すると，罰則（30万円以下の罰金）が科せられるこ
とがあるため注意が必要である。

(i) 対象となる労働者の範囲

　フレックスタイム制の対象となる労働者の範囲は，人ごと，課ごと，グルー
プごと等様々な範囲が考えられる。例えば，「全従業員」，「○○部に所属する
従業員」というように，どの従業員が対象となるのか明確にして労使協定で定
める必要がある。

(ii) 清算期間

　清算期間とは，労働者が労働すべき時間を定める期間を意味する。従前は，
清算期間の上限が「1カ月」までとされていたが，平成31年4月施行の改正労
働基準法により，清算期間の上限は「3カ月」までに変更され，労働者の都合
に応じたより柔軟な働き方が可能となった。なお，清算期間の起算日は，「毎
月1日」など具体的に日を定める必要がある。

(iii) 清算期間における総労働時間

　清算期間における総労働時間とは，労働契約上，労働者が清算期間において
労働すべき時間を定められた時間であり，いわゆる所定労働時間を意味する。
清算期間における総労働時間は，清算期間を平均して1週間の労働時間が40時
間以内になるように定めなければならない。

(iv) 標準となる1日の労働時間

　標準となる1日の労働時間とは，年次有給休暇を取得した際に支払われる賃
金の算定基礎となる労働時間の長さを定めるものである。清算期間における総
労働時間を，期間中の所定労働日数で割った時間を基準として定める。

(v)　コアタイム（※任意）

　コアタイムとは，労働者が1日のうちで必ず勤務していなければならない時間帯のことを意味する。コアタイムについては設定しないことも可能であるが，コアタイムを設定する場合には次項(vi)のフレキシブルタイム（その時間帯の間であれば自由に出勤または退勤してよい時間帯）を必ず設定しなければならない。また，コアタイムが1日の労働時間に比して過大であると，実質的にはフレックスタイム制とみなされない場合があるので注意が必要である。

(vi)　フレキシブルタイム（※任意）

　フレキシブルタイムとは，労働者が自らの選択によって労働時間を決定することができる時間帯のことを意味する。フレキシブルタイムが始業および終業の時間を労働者の自主的な決定に委ねる制度であることから，一般的にはコアタイムの前後両方に設けられることが多い。フレキシブルタイムの時間が極端に短かかったり，コアタイムの開始から終了までの時間と標準となる1日の労働時間がほぼ一致している場合，フレックスタイム制の趣旨に反するため，合理的な時間をフレキシブルタイムとして設定する必要がある。

【図表5－6】　フレックスタイム導入の基本モデル

基 本 モ デ ル

会社の所定労働時間

6:00	9:00	10:00	12:00 13:00	15:00	17:00	19:00

フレキシブルタイム（選択により労働することができる時間帯）	コアタイム（労働しなければ	休憩時間	コアタイムならない時間帯）	フレキシブルタイム（選択により労働することができる時間帯）

出所：東京労働局労働基準部・労働基準監督署「フレックスタイム制の適正な導入のために」（平成26年3月）[2]

3　フレックスタイム制の導入に関する注意点
(1)　18歳未満にはフレックスタイム制は導入できない

　満18歳未満の年少者に対しては，フレックスタイム制を導入することはでき

---

[2]　https://jsite.mhlw.go.jp/tokyo-roudoukyoku/library/2014318104110.pdf

ない（労働基準法60条1項）ため，職場に年少者を雇用する場合には留意する
必要がある。

(2)　フレックスタイム制でも休憩が必要となる

　フレックスタイム制は，「始業および終業の時刻を労働者の決定に委ねる」
仕組みであり，いつ休憩をとるかについてまで労働者の決定に委ねるものでは
ない。そのため，フレックスタイム制を導入する場合であっても，就業規則等
に休憩時間の長さ，与え方等について具体的に記載する必要がある。

　もっとも，別途労使協定を締結することで休憩時間についても労働者の自由
な判断に委ね，各自の裁量によって休憩をとる時間帯を決定させることは可能
である（労働基準法34条2項ただし書）。

　その場合であっても，「労働時間が6時間を超える場合においては45分以上，
8時間を超える場合においては1時間以上」の休憩を付与する必要がある（労
働基準法34条1項）。

4　フレックスタイム制における時間外労働（残業）

(1)　時間外労働のカウント方法

　フレックスタイム制を導入している企業においても，時間外労働を行う場合
には，36協定の締結・届出が必要となる。もっとも，フレックスタイム制を導
入している場合には，時間外労働のカウント方法が一般の労働時間制度と異な
る扱いとなる。

　フレックスタイム制では，週ごと，もしくは月ごとの労働時間を設定するこ
ととなる。週ごと，月ごとに所定労働時間の設定をする期間を清算期間といい，
フレックスタイム制を導入する企業においては，清算期間を通じて，法定労働
時間の総枠を超えて労働した時間が時間外労働としてカウントされる。そのた
め，フレックスタイム制では，たとえ1日12時間働いたとしても，設定した清
算期間である月（週）トータルで総労働時間内に収まれば残業をしたことには
ならない。

> 時間外労働＝実労働時間－清算期間での所定労働時間

　また，清算期間が1カ月を超える場合には，清算期間を通じて，法定労働時間の総枠を超えて労働した時間の他に，1カ月ごとに週平均50時間労働を超えた労働時間が，時間外労働としてカウントされる。

(2)　残業時間の前月繰越しの禁止

　なお，フレックスタイム制で，所定労働時間を超えた月があった場合，翌月の所定労働時間を減らして，残業代を払わないという運用は禁止されている。残業時間の前月繰越しは認められず，所定労働時間を超えた月があれば，その月に必ず残業代を払う必要がある。

5　所定労働時間に満たない勤務の場合

　他方，フレックスタイム制を取り入れていると，時間外労働とは逆に，極端に労働時間が少ない労働者が出てくる可能性もある。具体的には，コアタイムしか出勤せず，毎日5時間で働くような労働者がこれに当たる。このような場合，企業は，所定労働時間に不足した労働時間を翌月に繰り越したり，不足分の賃金をカットしたりすることが可能である。

第4節　テレワーク（リモートワーク）

1　テレワーク（リモートワーク）とは

　テレワークとは，労働者がICT（情報通信技術）を利用して行う事業場外勤務のことをいう。「リモートワーク」あるいは単に「リモート」といった名称が用いられることもあるが，本書では以下「テレワーク」という用語で統一する。なお，「テレワーク」とは，「Tele：離れたところで」と「Work：働く」

をかけ合わせた造語である。

　元々は働き方改革の一貫として導入が進められていた就業形態であるが，令和2年4月7日，新型コロナウイルス対策として，政府による新型インフルエンザ等対策特別措置法の改正法に基づく「緊急事態宣言」（同法32条）が出され，対象地域において，外出の自粛が要請されることとなったことに伴い，各企業においても急速に導入が進められた。

　テレワークを行う労働者にも，労働基準法をはじめとする各種労働関係法令が適用されるため，これらの法令に違反しないような導入・実施が必要となる。また，テレワークは，仕事とプライベートの切り分けが難しい，労働時間の管理が難しく，長時間労働になりやすいなどの問題点が指摘されており，実施に当たっては，適切な労務管理を行うよう留意するべきである。

2　テレワークの形態

　テレワークには，①在宅勤務，②サテライトオフィス勤務（施設利用型勤務），③モバイル勤務の3つの形態がある[3]。

(1)　在宅勤務

　在宅勤務とは，オフィスに出勤せず，自宅を就業場所とする勤務形態を指す。出勤や顧客訪問等の外出がないことから，移動の負担が軽減されるというメリットがある。東京都においても新型コロナウイルス感染拡大防止に向け，在宅勤務，時差通勤などが推奨されたこともあり，現代におけるテレワークの主要な形態といえる。

(2)　サテライトオフィス勤務（施設利用型勤務）

　サテライトオフィス勤務（施設利用型勤務）とは，所属するオフィス以外の他のオフィスや遠隔勤務用の施設を就業場所とする働き方を指す。サテライト

3　厚生労働省「テレワークモデル就業規則〜作成の手引き〜」
　https://www.tw-sodan.jp/dl_pdf/16.pdf

オフィスには，自社・自社グループ専用として利用され，従業員が立ち寄って就業できる「専用型」のオフィススペースと，コワーキングスペースのように複数の企業がシェアして利用する「共用型」のオフィススペースが存在する。

　在宅勤務ほどではないとはいえ通勤時間の削減につながる一方で，同じオフィススペースに出勤した従業員同士での対面によるコミュニケーションを図ることが可能であるというようなメリットがある就業形態といえる。

⑶　モバイル勤務

　モバイル勤務とは，移動中の交通機関の車内や，出先のカフェなどオフィス以外の場所を就業場所とする働き方を指す。営業職など，頻繁に外出を伴う職種においては外出の都度オフィスに戻ってくることは効率が悪い場合もあり，モバイル勤務により就業場所を柔軟に変えることで，時間を有効に活用可能となることが期待される。

3　テレワークの導入方法
⑴　就業規則等の整備

　テレワークを導入することで直ちに就業規則等の変更が必要になるというわけではなく，テレワークであっても労働時間制度等の労働条件が同一の場合には，既存の就業規則等のままでテレワークが可能となる。

　もっとも，テレワークの導入にあたっては，出社していれば本来発生しなかった自宅での通信費の負担をどこまで誰が支払うべきかといった問題や，テレワーク用の労働時間を設けるといったルールの策定が必要となることが多いため，一般的には以下の項目について就業規則等にテレワークに関する規定を定めておくことが必要となる。

- テレワークを命じることに関する規定（労働基準法89条10号）
- テレワークの定義
- テレワークの対象者

- 利用申請の方法
- テレワーク時の服務規律
- テレワーク用の労働時間を設ける場合，その労働時間に関する規定
  （同条1号）
- 通信費などの負担に関する規定（同条5号）
- セキュリティガイドライン

　上記の各規定は，就業規則に直接規定する場合と，「テレワーク勤務規程」といった個別の規程を作成する場合が考えられる。テレワークに関連する規定の明確化という観点からは，テレワークに関する個別の規程を就業規則と別に作成することが望ましい。このように個別の規程を作成する場合，例えば，就業規則の「適用範囲」に関する規定に

　労働者のテレワーク勤務（在宅勤務，サテライトオフィス勤務及びモバイル勤務をいう。以下，同じ）に関する事項については，この規則に定めるもののほか「テレワーク勤務規程」に定めるところによる。

といった委任規定を設けることにより，「テレワーク勤務規程」に就業規則の一部としての効力を持たせることが可能となる。
　なお，就業規則であっても，個別の規程であっても，テレワークに関する規程を作成・変更したときには，労働者代表の意見書を添付し，所轄労働基準監督署に届け出ることが必要となる。また，就業規則の内容は労働者に周知する必要があるのは前述の通りである。

(2)　労働条件の明示

　労働契約を締結している者に対して新たにテレワークを行わせる場合には，就業の場所として「労働者の自宅」などと明示した書面を交付し，労働条件を明示する必要がある（労働基準法15条1項）。

【図表5-7】　就業規則とテレワーク勤務規程の関係

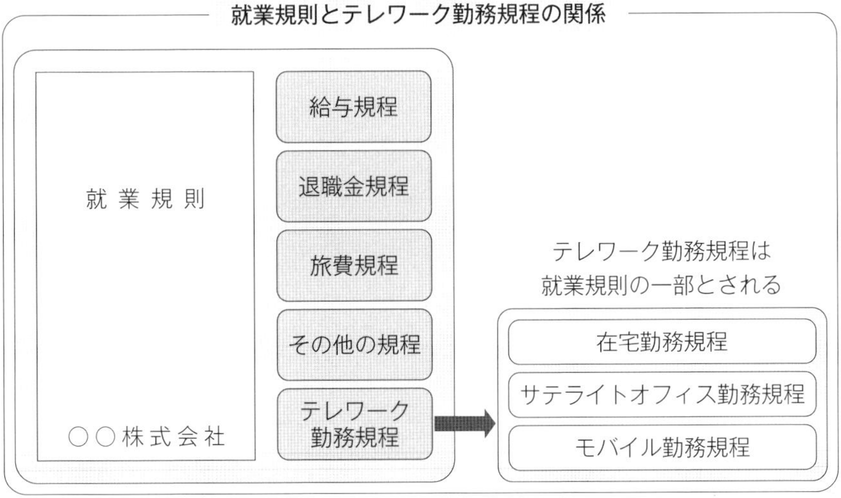

出所：厚生労働省「テレワークモデル就業規則～作成の手引き～」

4　テレワークの対象者・申請方法

　テレワークの導入に際しては，対象者を明確にする必要がある。テレワークを行うことを希望するかどうかについては従業員本人の意思も尊重することが必要であるため，対象者の条件として「在宅勤務を希望する者」といった規定を設けることも考えられる。また，テレワークの申請手続についても併せてあらかじめ規定しておくことが望ましい。

【記載例】

（在宅勤務の対象者）
第3条　在宅勤務の対象者は，就業規則第○条に規定する従業員であって次の各号の条件を全て満たした者とする。
⑴　在宅勤務を希望する者
⑵　自宅の執務環境，セキュリティ環境，家族の理解のいずれも適正と認められる者

> 2　在宅勤務を希望する者は，所定の許可申請書に必要事項を記入の上，1週間前までに所属長から許可を受けなければならない。
> 3　会社は，業務上その他の事由により，前項による在宅勤務の許可を取り消すことがある。
> 4　第2項により在宅勤務の許可を受けた者が在宅勤務を行う場合は，前日までに所属長へ利用を届け出ること。

出所：厚生労働省「テレワークモデル就業規則〜作成の手引き〜」

5　セキュリティガイドライン

　セキュリティガイドラインとは，データに対するオフィス外からのアクセスや電子メール送受信などに関する制限，顧客との打ち合わせで発生するデータや端末の持ち出しの手続方法，利用可能な Wi-Fi の制限など，業務を行ううえで通常遵守すべきセキュリティに関するガイドラインである。内容は概ね以下の3つの要素によって構成されるが，企業理念や企業規模，保有する情報資産の内容や量等によっても異なるため，企業ごとに自らの活動に即したセキュリティガイドラインを策定し，遵守する必要がある。なお，セキュリティガイドラインの策定にあたっては，総務省が発行する「テレワークセキュリティガイドライン[4]」が参考になる。

- 基本方針：セキュリティ全体の根幹に関する方針
- 対策基準：基本方針を元に実施すべきことや
　　　　　　遵守すべきことの基準を定めたもの
- 実施手順：対策基準の事項を具体的に実行するための手順を示したもの

6　テレワーク時の労働時間管理

　テレワークを導入した場合でも，使用者は労働者の労働時間を管理する必要がある。また，テレワーク時には労働者が通常の勤務と異なる環境で就業する

4　総務省「テレワークセキュリティガイドライン」（令和3年5月）
　　https://www.soumu.go.jp/main_content/000752925.pdf

こととなるため，労働時間の管理方法についてルールを明確化しておくことが重要である。

　テレワーク中の労働時間管理の方法としては，①通常の労働時間制，②フレックスタイム制，③事業場外みなし労働時間制，④裁量労働時間制，が比較的多く用いられる。

(1)　通常の労働時間制

　通常の労働時間制は，法定労働時間の原則（労働基準法32条）に基づき，決められた始業・終業時間に勤務を行う形態である。

　テレワーク中であれば始業および終業の時間にチャットや電子メールを用いて勤怠管理を行うという方法が一般的である。その他の方法としては，クラウド型の勤怠管理システムなどを用いる企業も増えている。

　テレワークにおいては，始業から終業までの間，従業員が，どのように業務に従事しているのかを把握することが困難であるという問題がある。場合によっては就業時間中に業務と関係のない活動をされるということもあり得るが，監視の目的で業務中に常時カメラを繋いでおくことを強制するようなことはハラスメントに該当する可能性があるため控えるべきである。そのため，使用者としては，テレワーク中の労働者の労働内容について，逐一把握するのではなく，勤務時間の中で出された「成果」をもとに，労働者がきちんと労働したかを把握することが望ましい。

　また，テレワークでは，仕事と生活との線引きが難しいことから，長時間労働，休日労働，深夜労働が行われやすいという実情がある。しかし，テレワークの場合であっても残業・休日・深夜労働に対する割増賃金は通常勤務と同様に発生する。そのため，テレワークの場合には，残業・休日・深夜労働は原則禁止とし，必要な場合に，事前申告の上，許可を受けるといった運用が望ましいと考えられる。

(2) フレックスタイム制

　テレワークは，従業員が同時に出社する必要がなく，また，各従業員がそれぞれ自己管理の上で業務を行う機会が増えるため，フレックスタイム制との相性がいいといえる。フレックスタイム制の内容や導入方法等については本章第3節を参照されたい。

　なお，テレワークにおけるフレックスタイム制の特徴として，従業員の生活に合わせた勤務を行いやすくするためにコアタイムを短くし，フレキシブルタイムを長くするという運用が考えられる。その場合，前述の通り残業・休日労働・深夜労働が発生しないようこれらの時間帯を外したフレキシブルタイムを設けるべきである。

(3) 事業場外みなし労働時間制

　事業場外みなし労働制とは，従業員が事業場外で労働しており，労働時間の算定が困難な場合に，所定労働時間を労働したものとみなす制度である（労働基準法38条の2）。

　テレワークにおける事業場外みなし労働時間制は，以下の通り，在宅勤務およびモバイル勤務において適用可能なケースがある。

　事業場外みなし労働時間制としては①事業場外で業務に従事していること，②使用者の具体的な指揮監督が及ばず，労働時間を算定することができないことが必要となる。

　具体的には，

> 使用者の指示に即応する義務がない状態

　かつ，

> 当該業務が，随時使用者の具体的な指示に基づいて行われていないこと

が必要となる。

　実際には，勤務時間中であれば，テレワークであってもメールやチャット等で使用者から指示があった場合には応答することが求められる職場が多いことから，「使用者の指示に即応する義務がない状態」にあるとはいえず，事業場外みなし労働時間制の適用が認められないケースが多数である。

　なお，就業規則に事業場外みなし労働時間制に関する規定がない場合には，就業規則を変更し，所轄の労働基準監督書に届け出る必要がある。また，時間外労働や法定労働時間に関する規定についても通常の労働時間制と同様の規制に服する点に留意すべきである。

(4)　裁量労働時間制

　裁量労働時間制は，みなし労働時間制の一種であり，専門業務型裁量労働制（労働基準法38条の3）と企画業務型裁量労働制（労働基準法38条の4）の2種類が存在する。これらは業務の性質上，業務遂行の手段や方法，時間配分の決定等について従業員の裁量に委ねる必要がある業務に認められる労働制度となる。

　なお，裁量労働時間制を導入した場合であっても，労使協定または労使委員会で定める労働時間が法定労働時間を超える場合には，原則として36協定を所轄労働基準監督署に届け出るとともに，割増賃金を支払う必要がある。さらに，時間外労働や休日労働に対する割増賃金の支払いについても通常の労働時間制と同様に必要となる。

(i)　専門業務型裁量労働制

　専門業務型裁量労働制は，法令等で定める下記の19業務に限り，事業場の過半数労働組合または過半数代表者との労使協定を締結することにより導入が可能である（労働基準法38条の3，労働基準法施行規則24条の2の2第2項など）。専門業務型裁量労働制が導入された場合において，業務遂行手段および時間配分の決定に関し具体的指示が行われない場合には，労使協定で定めた時間を労働したものとみなされる。

【図表5－8】　専門業務型裁量労働制の対象業務

(1)	新商品若しくは新技術の研究開発又は人文科学若しくは自然科学に関する研究の業務
(2)	情報処理システム（電子計算機を使用して行う情報処理を目的として複数の要素が組み合わされた体系であってプログラムの設計の基本となるものをいう。(7)において同じ）の分析又は設計の業務
(3)	新聞若しくは出版の事業における記事の取材若しくは編集の業務又は放送法（昭和25年法律第132号）第2条第4号に規定する放送番組若しくは有線ラジオ放送業務の運用の規正に関する法律（昭和26年法律第135号）第2条に規定する有線ラジオ放送若しくは有線テレビジョン放送法（昭和47年法律第114号）第2条第1項に規定する有線テレビジョン放送の放送番組（以下「放送番組」と総称する）の制作のための取材若しくは編集の業務
(4)	衣服，室内装飾，工業製品，広告等の新たなデザインの考案の業務
(5)	放送番組，映画等の制作の事業におけるプロデューサー又はディレクターの業務
(6)	広告，宣伝等における商品等の内容，特長等に係る文章の案の考案の業務（いわゆるコピーライターの業務）
(7)	事業運営において情報処理システムを活用するための問題点の把握又はそれを活用するための方法に関する考案若しくは助言の業務（いわゆるシステムコンサルタントの業務）
(8)	建築物内における照明器具，家具等の配置に関する考案，表現又は助言の業務（いわゆるインテリアコーディネーターの業務）
(9)	ゲーム用ソフトウェアの創作の業務
(10)	有価証券市場における相場等の動向又は有価証券の価値等の分析，評価又はこれに基づく投資に関する助言の業務（いわゆる証券アナリストの業務）
(11)	金融工学等の知識を用いて行う金融商品の開発の業務
(12)	学校教育法（昭和22年法律第26号）に規定する大学における教授研究の業務（主として研究に従事するものに限る）
(13)	公認会計士の業務
(14)	弁護士の業務
(15)	建築士（一級建築士，二級建築士及び木造建築士）の業務
(16)	不動産鑑定士の業務
(17)	弁理士の業務
(18)	税理士の業務
(19)	中小企業診断士の業務

出所：厚生労働省「専門業務型裁量労働制」

(ii)　企画業務型裁量労働制

　企画業務型裁量労働制とは，企業の事業の運営に大きな影響を及ぼす事業計画や営業計画などの企画，立案等を行う従業員を対象とした制度である。企画業務型裁量労働制を導入する場合には，労使委員会を設置し，所要事項を委員会の委員の5分の4以上の賛成により決議した上で「企画業務型裁量労働制に関する決議届」を所轄労働基準監督署に届け出る必要がある（労働基準法38条の4）。

　企画業務型裁量労働制が導入された場合において，業務遂行手段および時間配分の決定に関し具体的指示が行われない場合には，労使委員会で定めた時間を労働したものとみなされる。

　中小企業においては，専門職，企画職といえる職種，業務の従業員は少なく，大部分の従業員は，裁量労働制の対象とならない。対象とならない業務に対し裁量労働制を採用したとしても制度自体が無効となるため留意する必要がある。

第5節　パートタイム労働者・有期雇用労働者

1　パートタイム労働者・有期雇用労働者とは

(1)　パートタイム労働者

　パートタイム労働者（法律上は「短時間労働者」という）とは，「1週間の所定労働時間が同一の事業所に雇用される通常の労働者の1週間の所定労働時間に比べて短い労働者」を意味する（短時間労働者及び有期雇用労働者の雇用管理の改善等に関する法律（以下「パートタイム・有期雇用労働法」という）2条1項）。なお，「通常の労働者」とは，正規型の労働者および無期雇用フルタイム労働者を指す。

　パートタイマー，アルバイト，契約社員などの名称にかかわらず，上記の定義に当てはまるものはパートタイム・有期雇用労働法上のパートタイム労働者に該当する。

⑵　有期雇用労働者

　「有期雇用労働者」は，1年や半年など事業主と期間を定め労働契約をしている労働者を指す（パートタイム・有期雇用労働法2条2項）。

　パートタイム労働者や有期雇用労働者であっても，労働者である以上，パートタイム・有期雇用労働法という特別法に加えて，通常の労働者と同様に労働基準法等の規定が適用されることとなる。

2　パートタイム・有期雇用労働法の制定

　パートタイム・有期雇用労働法（短時間労働者及び有期雇用労働者の雇用管理の改善等に関する法律）は，前身の「パートタイム労働法」の改正によって生まれた法律である。令和2年4月に大手企業を対象に施行され，令和3年4月には対象が中小企業にも拡大された。従前，パートタイム労働者はパートタイム労働法，有期雇用労働者については労働契約法によってそれぞれ規定が分かれていたが，パートタイム・有期雇用労働法の制定に伴い，パートタイム労働者と有期雇用労働者に関するルールの統一がなされている。

　パートタイム・有期雇用労働法が制定された背景としては，正社員とパートタイム労働者の待遇が昇給や人事評価，各種手当，賞与，退職金などさまざまな面で差が大きいという実情がある。これらの実情を踏まえ，不公平を是正するとともに，パートタイム労働者や有期雇用労働者に適切なキャリア形成のチャンスを与えるため，パートタイム・有期雇用労働法の施行に至ったという背景がある。

3　パートタイム・有期雇用労働法上，特に注意すべきポイント
⑴　労働条件に関する文書の交付等

（労働条件に関する文書の交付等）
第6条　事業主は，短時間・有期雇用労働者を雇い入れたときは，速やかに，当該短時間・有期雇用労働者に対して，労働条件に関する事項のうち労働基準法第15条第1項に規定する厚生労働省令で定める事項以外のものであって厚生労

働省令で定めるもの（次項及び第14条第1項において「特定事項」という。）
を文書の交付その他厚生労働省令で定める方法（次項において「文書の交付
等」という。）により明示しなければならない。
2　事業主は，前項の規定に基づき特定事項を明示するときは，労働条件に関す
る事項のうち特定事項及び労働基準法第15条第1項に規定する厚生労働省令で
定める事項以外のものについても，文書の交付等により明示するように努める
ものとする。

　事業主がパートタイム・有期雇用労働者を雇い入れる際，「昇給の有無」「退
職手当の有無」「賞与の有無」「相談窓口」を文書などで明示する必要がある。
　なお，パートタイム・有期雇用労働法に対しても労働基準法15条1項の適用
があるため，労働契約の締結時，「契約期間」「有期労働契約を更新する場合の
基準」「仕事をする場所と仕事の内容」「始業・終業の時刻や所定時間外労働の
有無，休憩時間，休日，休暇」「賃金の決定・計算・支払の方法」などの労働
条件を明示することが労働基準法によっても義務付けられている。

(2)　就業規則の作成の手続

（就業規則の作成の手続）
第7条　事業主は，短時間労働者に係る事項について就業規則を作成し，又は変
更しようとするときは，当該事業所において雇用する短時間労働者の過半数を
代表すると認められるものの意見を聴くように努めるものとする。
2　前項の規定は，事業主が有期雇用労働者に係る事項について就業規則を作成
し，又は変更しようとする場合について準用する。この場合において，「短時
間労働者」とあるのは，「有期雇用労働者」と読み替えるものとする。

　事業所ごとに常時10人以上の労働者を使用する事業者は，就業規則を作成し
て所轄労働基準監督署長に届ける必要がある（労働基準法89条）。
　パートタイム・有期雇用労働者のみに該当する労働条件を定める場合は，就
業規則等を作る必要がある。パートタイム・有期雇用労働者に関連した事項を

含む就業規則を作成・変更する際，該当するパートタイム・有期雇用労働者の過半数を代表すると認められる者の意見を聴くことが努力義務とされている。

(3) 均等待遇規定

> （不合理な待遇の禁止）
> 第8条 事業主は，その雇用する短時間・有期雇用労働者の基本給，賞与その他の待遇のそれぞれについて，当該待遇に対応する通常の労働者の待遇との間において，当該短時間・有期雇用労働者及び通常の労働者の業務の内容及び当該業務に伴う責任の程度（以下「職務の内容」という。），当該職務の内容及び配置の変更の範囲その他の事情のうち，当該待遇の性質及び当該待遇を行う目的に照らして適切と認められるものを考慮して，不合理と認められる相違を設けてはならない。

　均等待遇規定とは，

> ① 職務内容（業務内容・業務に伴う責任の程度）
> ② 該当する職務の内容および配置の変更の範囲（人材活用の仕組み）

が同一である場合には，待遇面について正社員と比較して差別的取扱いをしてはならないというものである。また，上記①と②が異なる場合であっても，各種手当や福利厚生等の待遇については，同一の支給を行う必要がある。

(4) 均衡待遇規定

> （通常の労働者と同視すべき短時間・有期雇用労働者に対する差別的取扱いの禁止）
> 第9条 事業主は，職務の内容が通常の労働者と同一の短時間・有期雇用労働者（第11条第1項において「職務内容同一短時間・有期雇用労働者」という。）であって，当該事業所における慣行その他の事情からみて，当該事業主との雇用関係が終了するまでの全期間において，その職務の内容及び配置が当該通常の

労働者の職務の内容及び配置の変更の範囲と同一の範囲で変更されることが見込まれるもの（次条及び同項において「通常の労働者と同視すべき短時間・有期雇用労働者」という。）については，短時間・有期雇用労働者であることを理由として，基本給，賞与その他の待遇のそれぞれについて，差別的取扱いをしてはならない。

均衡待遇規定とは，

① 職務内容（業務内容・業務に伴う責任の程度）
② 当該職務の内容および配置の変更の範囲（人材活用の仕組み）
③ 運用その他の事情

の3つの要素を考慮して，正社員とパートタイム・有期雇用労働者の待遇に不合理な相違を設けることを禁じるものである。

　具体的な均衡待遇の対象として，基本給・昇給，賞与・役職手当，教育訓練について，それぞれの趣旨・性格に照らし実態が同一であれば同一の，差異があれば差異に応じた待遇を与えなければならない。

(5)　賃金

（賃金）
第10条　事業主は，通常の労働者との均衡を考慮しつつ，その雇用する短時間・有期雇用労働者（通常の労働者と同視すべき短時間・有期雇用労働者を除く。次条第2項及び第12条において同じ。）の職務の内容，職務の成果，意欲，能力又は経験その他の就業の実態に関する事項を勘案し，その賃金（通勤手当その他の厚生労働省令で定めるものを除く。）を決定するように努めるものとする。

　賃金の決定に際して，通常労働者との均衡を踏まえながら，職務内容や成果，意欲，能力，経験などを勘案して賃金を決定することが努力義務とされている。

ここには手当などは含まれないが，通勤手当については，職務の内容に深く関連して支払われたものであれば，10条の努力義務の対象範囲に含まれる。

(6)　教育訓練

> （教育訓練）
> 第11条　事業主は，通常の労働者に対して実施する教育訓練であって，当該通常の労働者が従事する職務の遂行に必要な能力を付与するためのものについては，職務内容同一短時間・有期雇用労働者（通常の労働者と同視すべき短時間・有期雇用労働者を除く。この項において同じ。）が既に当該職務に必要な能力を有している場合その他の厚生労働省令で定める場合を除き，職務内容同一短時間・有期雇用労働者に対しても，これを実施しなければならない。
> 2　事業主は，前項に定めるもののほか，通常の労働者との均衡を考慮しつつ，その雇用する短時間・有期雇用労働者の職務の内容，職務の成果，意欲，能力及び経験その他の就業の実態に関する事項に応じ，当該短時間・有期雇用労働者に対して教育訓練を実施するように努めるものとする。

　事業主は，通常の労働者と職務が同じパートタイム・有期雇用労働者に対しては，職務遂行に必要な能力を付与するための教育訓練を，通常の労働者と同様に実施しなければならない。

(7)　福利厚生施設

> （福利厚生施設）
> 第12条　事業主は，通常の労働者に対して利用の機会を与える福利厚生施設であって，健康の保持又は業務の円滑な遂行に資するものとして厚生労働省令で定めるものについては，その雇用する短時間・有期雇用労働者に対しても，利用の機会を与えなければならない。

　福利厚生施設のうち，食堂，休憩室，更衣室などの施設を通常の労働者が利用している場合，パートタイム労働者・有期雇用労働者に対しても同様に利用機会を与えることが義務付けられている。

(8)　通常の労働者への転換

（通常の労働者への転換）

第13条　事業主は，通常の労働者への転換を推進するため，その雇用する短時間・有期雇用労働者について，次の各号のいずれかの措置を講じなければならない。

　　一　通常の労働者の募集を行う場合において，当該募集に係る事業所に掲示すること等により，その者が従事すべき業務の内容，賃金，労働時間その他の当該募集に係る事項を当該事業所において雇用する短時間・有期雇用労働者に周知すること。

　　二　通常の労働者の配置を新たに行う場合において，当該配置の希望を申し出る機会を当該配置に係る事業所において雇用する短時間・有期雇用労働者に対して与えること。

　　三　一定の資格を有する短時間・有期雇用労働者を対象とした通常の労働者への転換のための試験制度を設けることその他の通常の労働者への転換を推進するための措置を講ずること。

　事業主は，通常の労働者を募集する場合や新たに配置する場合において，募集内容をパートタイム労働者・有期雇用労働者に周知し，応募機会を提供することや通常の労働者へ転換するための試験制度等を設けることが義務付けられている。

　もっとも，転換の要件としての勤続期間や資格などが必要以上に厳しいものである場合，同条の義務を履行しているとみなされない可能性があるため注意が必要である。

(9)　事業主が講じる措置の内容等の説明

（事業主が講ずる措置の内容等の説明）

第14条　事業主は，短時間・有期雇用労働者を雇い入れたときは，速やかに，第8条から前条までの規定により措置を講ずべきこととされている事項（労働基準法第15条第１項に規定する厚生労働省令で定める事項及び特定事項を除く。）に関し講ずることとしている措置の内容について，当該短時間・有期雇用労働

　者に説明しなければならない。

2　事業主は，その雇用する短時間・有期雇用労働者から求めがあったときは，当該短時間・有期雇用労働者と通常の労働者との間の待遇の相違の内容及び理由並びに第 6 条から前条までの規定により措置を講ずべきこととされている事項に関する決定をするに当たって考慮した事項について，当該短時間・有期雇用労働者に説明しなければならない。

3　事業主は，短時間・有期雇用労働者が前項の求めをしたことを理由として，当該短時間・有期雇用労働者に対して解雇その他不利益な取扱いをしてはならない。

　事業主は，パートタイム・有期雇用労働者の雇い入れ時に，8 条から13条までの規定に基づき実施する措置の内容を説明することが義務付けられている。

　説明方法は，必ずしも口頭である必要はなく，説明すべき内容が分かりやすく網羅されている資料を交付するといった方法でも可能である。

　また，事業主は，パートタイム・有期雇用労働者から説明を求められた場合，当該パートタイム・有期雇用労働者と通常の労働者との間で待遇差の内容および理由，決定する際の考慮事項を説明することが義務付けられている。なお，説明を求められたことを理由にパートタイム・有期雇用労働者に対して解雇等不利益な取扱いをすることは禁止されている。

4　パートタイム・有期雇用労働法対応の取組手順[5]

　事業者が，パートタイム・有期雇用労働法に対応するための基本的な取組手順は【図表 5 － 9 】の通りとなる。

【図表 5 － 9 】　雇用主が取り組むべき内容

① 　労働者の雇用形態を確認する
② 　待遇の状況を確認する
③ 　待遇に違いがある場合，理由を確認する
④ 　違いの理由が不合理ではないと説明できるよう整理する
⑤ 　法違反が疑われる状況から早期の脱却を目指し，計画を立てて取り組む

(1)　労働者の雇用形態を確認する

　まず，法の対象となるパートタイム・有期雇用労働者の有無を確認する必要がある。具体的には，正社員と比較して1週間あたりの所定労働時間が短いかどうか，次に雇用契約期間の定めがあるかどうかを確認する。

(2)　待遇の状況を確認する

　次に，パートタイム・有期雇用労働者の区分ごとに，賃金（賞与・手当を含む），福利厚生などの待遇について正社員と取扱いの違いがあるかどうかを確認する。

(3)　待遇に違いがある場合，理由を確認する

　正社員とパートタイム労働者・有期雇用労働者との待遇に違いがある場合，働き方や役割など違いに見合った「不合理ではない」理由があるかどうかを精査する必要がある。なぜ待遇の違いを設けているのか，それぞれの待遇ごとに理由を整理することが有効である。なお，どのような待遇差が不合理であるかの判断に際しては，厚生労働省の策定した「同一労働同一賃金ガイドライン[6]」が参考になる。

(4)　違いの理由が不合理ではないと説明できるよう整理する

　事業主は待遇差の内容や理由を明確に説明する義務を負うためこれらを説明できるように整理しておく必要がある。具体的には，違いを設けている待遇（通勤手当・賞与・基本給など）と違いがある理由を書き出したうえで，文書化しておくことが望ましい。

5　厚生労働省「パートタイム・有期雇用労働法対応のための取組手順書」（平成31年1月）
　　https://jsite.mhlw.go.jp/fukui-roudoukyoku/content/contents/000654244.pdf
6　厚生労働省「同一労働同一賃金ガイドライン」（平成30年12月28日）
　　https://www.mhlw.go.jp/content/11650000/000469932.pdf

⑸　法違反が疑われる状況から早期の脱却を目指し，計画を立てて取り組む

　待遇差が不合理ではないと言いがたい場合には，迅速に改善する必要がある。不合理ではないといえる場合であっても，均衡・均等な組織運営に向けて，改善の余地がないか検討することが望ましい。改善に際しては，労働者の意見を十分に聴取しつつ，耳を傾けながら計画を立てて進めることが肝要である。

第6章

スタートアップの従業員に対する懲戒処分・解雇

第1節　懲戒処分とは

1　懲戒処分の意義

　懲戒処分とは，会社の秩序を維持するために，就業規則等で定める服務規律等に違反した従業員に対して会社が行う制裁のことをいう。ここでいう服務規律や懲戒処分をどのように定めるかについては，原則として会社の裁量に委ねられている。

2　懲戒処分と就業規則

　懲戒処分を行うにあたっては，懲戒に関する規定を就業規則に明示しておくこと等が必要となる。就業規則に定めていない懲戒処分は違法であり，これは就業規則の作成義務のない従業員10人未満の会社でも同様であるため注意が必要である。

　そこで，以下では就業規則に懲戒処分に関する定めを設ける際の注意点を説明する。なお，厚生労働省が公開している「モデル就業規則」では，具体的な懲戒の種類と事由に関する規定の例と解説が掲載されており参考になる。

(1)　懲戒に関する規定を明示する

　就業規則に懲戒処分に関する定めを設ける場合，「就業規則に違反した場合には懲戒処分を行う。」といった抽象的な内容の規定を設けるだけでは不十分であり，懲戒となる具体的な根拠（懲戒事由）や処罰の内容（懲戒処分の種類）を明示しておくことが必要となる。これによって，懲戒処分に関する従業員の予見可能性を高めると共に，懲戒処分の対象となる行為を抑止することも期待できる。

(2)　包括的な定めをおく

　懲戒事由等を具体的かつ明確に記載することが必要であるとしても，実際に

起こる可能性のあるすべての事由を就業規則に網羅的かつ具体的に明示することは不可能といえる。そこで，具体的な事由を列挙すると共に，「その他，会社の秩序を著しく乱す行為，または信用を低下させる行為があった場合」といった形で包括的な規定を設けておくことによって不測の事態に備えておくことも有用である。

(3)　個別具体的な事情を踏まえた柔軟な対応の余地を残す

実際に問題のある従業員に対して懲戒処分を行う場合，懲戒処分の対象となる行為の態様や経緯，日常の勤務態度等を総合的に考慮してどのような懲戒処分を行うかを判断することになるため，就業規則では個別の事案に応じて柔軟な懲戒処分をできるように配慮することも有用である。例えば，原則として出勤停止の懲戒処分にすることが妥当な場合において，個別具体的な事情を考慮して，これよりも軽い譴責等の処分とする余地も残した規定をおく方法がある。この場合の具体的な定め方としては，「次のいずれかに該当する場合，出勤停止とする。ただし，経緯や理由，その他情状によっては譴責とすることがある。」等と記載する方法が考えられる。

(4)　手続規定をおく

従業員に対して懲戒解雇等の重い懲戒処分を行う場合や，従業員と事実関係の認識に食い違いがある場合等は，従業員に弁明の機会を付与して懲戒処分が適正であることを担保するための手続を経るべきである。そこで，こうした手続に関する規定も就業規則に明記しておく必要がある。

(5)　全体に周知する

会社は，就業規則を全従業員に対して周知しなければならない（労働基準法106条1項）。周知の方法としては，社内のネットワークを利用する方法や，従業員が自由に閲覧できるように物理的に公開する方法が一般的である。

第2節 懲戒処分の種類

1 種 類

　一般的な懲戒処分の種類としては，【図表6-1】のようなものがある。戒告が最も軽い処分であり，下に行くほど重く，懲戒解雇が最も重い処分である。

【図表6-1】 一般的な懲戒処分の種類

戒告（かいこく）	従業員の過失や不正行為等に対して改善するように注意すること。
譴責（けんせき）	従業員の過失や不正行為などに対して厳しく注意して，始末書などの書類の提出を求めること。
減給	本来支給されるはずの給与を，一定の期間，一定の割合で減額して支給すること。
出勤停止	一定の期間，就労を禁止すること。
降格	役職を引き下げること。
諭旨解雇（ゆしかいこ）	懲戒解雇に相当する事由がある場合などに，退職願いの提出を勧告し，本人の意思で退職するという形で退職させること。懲戒処分よりも一つ軽い処分で，会社の恩情で懲戒解雇を避ける措置として行われることが多い。
懲戒解雇	会社が処分の対象となる従業員との労働契約を一方的に解消すること。

2 バランスのとれた懲戒処分を行う必要性

　会社が従業員に対して懲戒処分を行う場合，対象となる従業員の服務規律違反の内容や程度に応じてバランスのとれた適切な処分を課すことが求められる。このバランスを失した懲戒処分を課した場合には，懲戒権の濫用として懲戒処分は無効と判断される可能性もある（労働契約法15条）。

> （懲戒）
> 第15条　使用者が労働者を懲戒することができる場合において，当該懲戒が，当該懲戒に係る労働者の行為の性質及び態様その他の事情に照らして，客観的に合理的な理由を欠き，社会通念上相当であると認められない場合は，その権利を濫用したものとして，当該懲戒は，無効とする。

　実際にも，懲戒処分の内容を巡るトラブルは多いため，会社側としては懲戒処分を行う場合には十分なヒアリングや証拠収集をした上で慎重に適正な処分を検討する必要がある。

3　減給処分を行う場合の注意点
　就業規則で減給について規定する際は，「減給は，1回の額が平均賃金の1日分の半額を超え，総額が一賃金支払期における賃金の総額の10分の1を超えてはならない。」という労働基準法91条の定めを遵守する必要がある。

第3節　退職勧奨（自主退職を促す協議）

1　退職勧奨とは
　退職勧奨とは，会社が従業員に対して自主的に退職するよう働きかけることをいう。退職勧奨は，あくまでも従業員の自主的な退職を促すに過ぎないという点で，会社側が一方的に従業員を退職させる解雇とは異なる。従業員は，退職勧奨に従う義務はなく，自由な意思で退職を決めることができる。

2　退職勧奨をする場合の手続
　退職勧奨は，解雇のように一方的に会社が雇用関係を打ち切るものではないため，解雇に伴うトラブルを防ぐ効果がある。他方で，不当な退職勧奨は，退職の強要として違法と評価される可能性がある。そこで，退職勧奨をする際は，

従業員の自由な意思による退職であることを担保することが重要となる。会社が従業員に対して過剰な退職勧奨をすることで従業員が退職を余儀なくされるに至った場合は，違法な退職強要やパワハラ等に該当する可能性がある。

　具体的には，以下のような手続を経ることにより，客観的にも従業員が自由な意思によって退職したと判断される可能性が高くなる。

⑴　面　談

　従業員と退職勧奨に関する面談を行う際は，以下の点に留意すべきである。

⒤　面談時間が長時間に及ばないこと

　後述のように，裁判例においても，多数回および長時間の退職勧奨の面談を違法な退職強要にあたると判断した事例があるため，面談回数は少なくし，1回あたりの面談時間も短くするよう留意する必要がある。

⒤⒤　面談を大人数で行わないこと

　会社側が大人数で退職勧奨の面談に臨むと，心理的な圧力を加え自由な退職意思が侵害されたと判断される場合があるため，会社側の参加人数は2〜3名程度とすべきである。

⒤⒤⒤　退職勧奨の理由や退職勧奨を行うに至った経緯等を丁寧に伝えること

⒤⒱　従業員に十分な検討時間を与えること

⒱　以下のような発言をしないこと

> - 退職届を出さなければ解雇（または降格や減給等）する。
> - 産休・育休を取るなら退職して欲しい。
> - 従業員を中傷したり，名誉を傷つけたりする内容の発言。

(vi)　面談内容を証拠化すること

　後に退職勧奨の違法性が問題となった場合，退職の合意に至るまでの過程が問題視されることが多いため，これに備えて，面談内容について議事録を作成したり，録音したりしておくことが有用である。

(2)　条件提示

　退職勧奨をする際は，退職に同意した場合の条件を提示することも重要である。例えば，退職金を上乗せすること，転職活動のために有給休暇を付与すること，再就職先を紹介すること等が考えられる。

(3)　合意書の作成

　従業員が退職に同意した場合，雇用関係の終了に関する合意書を作成する。合意書には，以下のような内容を定め，最後に合意した日付を記入し，会社と従業員の双方が署名・押印して保管する。

- 退職日
- 退職に際して合意した内容（退職金の額や支払日，有給休暇の付与等）
- その他の債権債務関係がないこと
- 秘密保持義務

3　違法な退職勧奨

　退職勧奨が違法な退職の強要であったと事後的に判断された場合，従業員の退職の意思表示は無効であるとされるおそれがある。また，このような場合，会社が従業員に対して損害賠償責任を負うことになるリスクもある。

(1)　退職勧奨が違法とされた事例

> ①　昭和電線電纜事件（横浜地川崎支判平成16年5月28日労判878号40頁）
>
> 　同僚に暴言を吐くなどした従業員に退職勧奨を行い，従業員もこれに応じて退職したものの，後日退職の合意が無効であるとして復職および退職後から復職までの賃金の支払いを求めて争われた。
>
> 　本件では，会社が退職勧奨の際に，従業員に解雇事由が存在していなかったにもかかわらず，自主退職しなければ解雇の手続をすることになる等と伝えていたため，一度成立した退職の合意が無効となるかが問題となった。
>
> 　裁判所は，本来解雇できる理由がないのに，会社は従業員を退職届を出さなければ当然解雇されるものと誤解させたとして，退職の合意を錯誤により無効と判断し，会社に対し，従業員の復職と退職後復職までの賃金の支払いを命じた。

> ②　全日空事件（大阪地判平成11年10月18日労判772号9頁）
>
> 　全日空が，能力不足を理由として客室乗務員に退職勧奨を行い，応じなかった客室乗務員を解雇した。
>
> 　本件では，退職勧奨の際に，約4か月で面談回数が30回以上にのぼり，11回あたりの時間が8時間に及んだ面談もあったこと，面談の際に大声を出したり机をたたいたりするなどの言動があったこと等が問題になった。
>
> 　これらの退職勧奨が違法な退職強要に当たるとして争われた裁判で，裁判所は，退職勧奨の頻度，面談時間の長さ，従業員に対する言動は，許容できる範囲を超えており違法な退職強要に当たると判断した。

> ③　エム・シー・アンド・ピー事件（京都地判平成26年2月27日労判1092号6頁）
>
> 　うつ病に罹患していた従業員に対し退職勧奨を行ったことで，退職勧奨直後から従業員が休職し，その休職期間満了により当該従業員を退職扱いとした件で，退職勧奨の違法性が争われた。
>
> 　本件では，退職勧奨で解雇の可能性が示唆されたこと，退職しないと明示したのに繰り返し面談が行われたこと，面談が長時間に及んだことが違法であるか否か等が問題になった。
>
> 　裁判所は，従業員の主張を認め，3回の面談のうち，2回目が約1時間，3回目の面談が約2時間と長時間に及んでいること等を理由として退職勧奨が違法であると判断した。

⑵　退職勧奨が適法とされた事例

①　住友林業事件（大阪地決平成11年7月19日労経速1718号15頁（51巻2号））

　営業社員として雇用されて営業係長の職にあった従業員に対し，いわゆるリストラの一環として退職勧奨をしたことが，退職を強要した違法なものであるかどうかが争われた。

　従業員は，会社側に懲戒解雇をちらつかせるような行為があったと主張したが，具体的な証拠は提示されなかった。また，長期間全く成績を上げなかった従業員に対して叱咤したことや退職勧奨をした事実はあるものの，解雇の可能性を伝えてもやむを得ない事情があることが認められ，退職は従業員の自由意思に基づくものであるとして，違法な退職勧奨にあたらないと判断された。

②　日本アイ・ビー・エム事件（東京高判平成24年10月31日労経速2172号3頁）

　会社体質強化のため，退職者支援プログラムを備えて一定層の従業員に退職勧奨を実施した際，当該従業員らに複数回退職勧奨や業績改善の面談を行ったことが，違法な退職強要にあたるか否かが争われた。

　裁判では，退職勧奨の対象者の選定が不合理とは言えず，退職勧奨の方法や手段も不相当とは言えないこと，面談においても会社が客観的な業績評価制度を導入していること，対象者の自由意思を尊重するための面談研修等が実施されていたことなどから，会社が行った退職勧奨は社会的に許容される範囲を逸脱しないとして，違法な退職勧奨にあたらないと判断された。

第4節　解　雇

1　解雇の意義

　解雇とは，会社が従業員との労働契約を一方的に解約することをいう。解雇の場合，解雇された従業員は安定した収入を失い，再就職先が見つからないと生活に困窮する可能性もある。そこで，日本では，労働者の安定した生活を守るため，労働基準法をはじめとする労働関連法規により労働者が手厚く保護されている。

　解雇は，客観的に合理的な理由を欠き，社会通念上相当であると認められな

い場合，会社は解雇権を濫用したものとして無効になる（労働契約法16条）。

2　解雇の種類

　解雇には，概ね以下の３種類（整理解雇，普通解雇，懲戒解雇）がある。

(1)　整理解雇

(i)　意　義

　整理解雇とは，いわゆるリストラと呼ばれる解雇の方法であり，会社を存続させるための人員整理を目的とするものをいう。すなわち，当該従業員に問題があるわけではないものの，会社の経営悪化等の影響により，従業員数を減らさなければならない状況下で行われるものである。整理解雇は，人員整理を目的とした会社側からの一方的な申出による労働契約の終了である。

　整理解雇は，その性質上，複数の従業員が同時に解雇される場合が多い解雇の類型である。また，後述する普通解雇や懲戒解雇は，従業員側に解雇される理由があるのに対して，整理解雇は従業員側に解雇される理由がなくとも会社側の都合で解雇される可能性があるという点が大きく異なる。

(ii)　整理解雇の基準

　このように，従業員を会社側の都合で辞めさせることは，従業員の生活や将来に重大な影響を及ぼす可能性もあるため，整理解雇をする際には以下のような厳しい条件がある。

①　人員整理をする会社の経営上，相当の必要性があること

　例えば，赤字経営が続いている，あるいは赤字になるおそれが極めて高い等，経営が危機的状況であることを客観的に証明できれば，必ずしも会社の存続自体が困難というまでの状態ではなくとも認められる可能性がある。

②　解雇を回避する努力義務を尽くしたこと

　整理解雇を行う前に，解雇を回避するために会社として努力を尽くすことも整理解雇が認められる要件の一つである。これを満たすためには，解雇を回避

するために考えられる対策を尽くしても整理解雇が避けられないと判断される程度の努力が必要となる。具体的な努力の内容としては，以下のようなものが挙げられる。

- 役員報酬を減額する
- 新規採用を停止する
- 希望退職者を募集する
- 配転や出向をさせる

③ 人員整理の対象となる人選の基準が合理的で公平であること

整理解雇の際は，解雇する従業員を公平に選ぶ必要がある。そのためには，解雇する従業員を選定するために客観的な基準を設けることが求められる。例えば，以下のような基準は公平で合理性があると認められやすいと考えられる。

- 成績や顧客満足度など業務成果
- 欠勤や遅刻の回数など勤務態度
- 扶養家族の有無など生活への影響

なお，客観的な基準であっても，年齢や性別のみを選定基準とすることは合理性に欠けると判断される可能性が高い。例えば，整理解雇の対象年齢を女性45歳以上，男性55歳以上とすることや，整理解雇の対象になる勤続年数を女性20年以上，男性30年以上とすること等は合理性に欠けるものといえる。

④ 整理解雇の手続が妥当であること

整理解雇は，従業員の同意が得られなくても，一定の要件を満たせば会社側から一方的に雇用契約を解消することができる手続である。

しかし，整理解雇では，非のない従業員を会社が一方的に解雇することになるため，事前に十分な準備を行い，適正な手順に沿って進めなければ，後に大きなトラブルに発展するリスクが高い。

　そこで，整理解雇を行う際は，従業員に対して十分に説明し，可能な限り理解を得られるように手続を進める必要がある。具体的には，決算資料を示す等して会社の経営状況を伝え，整理解雇の必要性を説明することや，解雇の対象者や労働組合に十分説明をして協議を行うこと等が考えられる。例えば，従業員等に対して一回しか説明していない場合や，解雇の数日前に協議した場合では，説明や協議が不十分と判断されるおそれが高い。

(2)　普通解雇

(i)　意　義

　普通解雇とは，解雇される理由がある従業員との労働契約を，会社側が一方的に解約する方法をいう。普通解雇は，主に従業員の業務成績に問題がある場合や協調性がなく業務に支障が発生している場合等に行われることが多い。

(ii)　普通解雇の基準

　原則として，会社側は普通解雇を自由に行うことができるが，それが解雇権の濫用と認められる場合には例外的に無効となる（労働契約法16条）。そして，当該解雇が解雇権の濫用として無効となるか否かは，以下のような基準で判断される。

① 　解雇の理由が客観的に合理的であるか否か

　就業規則の解雇事由に該当するような場合は，客観的に合理的な理由があると認められる可能性が高い。また，例えば，従業員の能力不足を理由とした解雇を検討する場合，会社が必要な指導や適性を踏まえて配置転換を行った後も改善がみられないこと等の事情が存在することは，客観的に合理的な理由があると判断される可能性を高める材料となる。

② 　解雇の方法が社会通念上相当であるか否か

　社会通念上相当か否かの判断は，従業員の情状に関する事情や会社側の落ち度の有無，他の従業員への処分との比較，適正な手続が履践されているか否か等を総合的に踏まえて，解雇することがやむを得ず，解雇以外の手段をとるこ

とができないといえるか否かという観点からなされることになる。

(iii) 普通解雇の対象になる解雇理由の例

【図表 6 - 2】 普通解雇の対象になる解雇理由の例

病気や怪我による就業不能	従業員が身体面や精神面の障害によって仕事をできる状態にないと判断される場合。ただし，就業規則で規定した休職期間を経過しても復職できる状態になく，休職期間後，時短勤務や負担の少ない業務に配置転換するなどの対応をしても復職できる可能性がないこと等が必要である。 　休職を認めずに解雇する，復職可能との記載のある医師の診断が存在するのに解雇する，休職期間後に配置転換等の配慮をせずに解雇する等の場合には，解雇権の濫用として不当解雇にあたる可能性が高い。
能力や適性不足	従業員に会社で仕事をする能力や適性がないために雇用関係を維持できないと判断され，改善の余地が認められない場合。ただし，能力不足で解雇する場合でも，新卒者や未経験者に十分な指導をしない，経験者に対して適切な成績評価をせずに解雇するなどの場合は，解雇権の濫用として不当解雇と判断される可能性が高い。 　また，能力や適性不足を理由とする解雇が有効であると認められるハードルは一般的に高いため，これを根拠とした解雇を検討する場合は慎重に判断すべきである。具体的には，①勤務成績が長年にわたって著しく不良かつ深刻であったこと，②勤務成績が向上せず，かつ改善の見込みもないこと，③勤務態度が不良であったこと，④会社が当該従業員に対する注意喚起を続けていたこと，⑤会社が解雇を回避すべく対応していたこと等の事情の有無を踏まえた判断が必要になる。
職務怠慢や勤務態度の不良	頻繁な欠勤・遅刻・早退などの勤怠不良。これに該当するか否かは以下のような事情を踏まえて慎重に検討する必要がある。 ・勤怠不良の状況（期間・回数・程度等）とその理由 ・勤怠不良が仕事に及ぼした影響の有無や程度 ・会社が注意しても改善されなかったことや先例の有無 ・勤怠不良の従業員の過去の問題や職務状況
業務命令違反や職務規律違反	従業員が日常的な業務指示や，配置転換や出向の命令に従わないなどの業務命令違反がある場合。ただし，会社の業務命令が正当なものであること，従業員が命令に従うことが今後も期待できないこ

> とという条件を満たす必要がある。
> 　一方，その業務命令が従業員への嫌がらせを目的としてなされていた場合や，当該従業員を退職に追い込むことを目的としていた場合，会社の業務命令についての説明が不足していたと判断される場合には，解雇権の濫用として不当解雇にあたる可能性が高い。

(iv) 普通解雇の手続

① 解雇理由の検討と記録の作成等

　問題のある従業員を普通解雇する場合，当該従業員の上司，人事部，会社の幹部等とその解雇理由等を検討・共有する。なお，解雇権の濫用とならないように，解雇理由についてこれまでの勤怠の状況等を記録に残したり，解雇の先例を事前に調べたりしておくことが望ましい。

② 解雇予告通知書の作成

　以下のような事項を記載した解雇予告通知書を作成する。

> • 従業員の氏名
> • 会社名，代表者名
> • 解雇予告通知書を交付した日
> • 解雇日
> • 解雇する旨の意思表示
> • 解雇理由
> • 就業規則がある場合は該当する条文

③ 解雇される従業員との面談

　人事担当者としては，解雇される従業員を別室に呼んで面談を行い，面談にあたって直属の上司の意見もヒアリングしていること，解雇に至るまでに従業員側との改善を求める面談や話合いの機会を持ってきたこと，従業員の適性に合った部署を探して配置換えをするなど，会社側も解雇を防ぐために努力をしてきたこと，それでも問題点が改善されなかったこと等を伝え，解雇日を明示した上で解雇する旨を伝える。他の従業員の前で行うと，解雇される従業員が

心理的な圧迫を受け，後に問題になり得るため注意が必要である。

　面談時には，従業員からの反論があることも予想されるが，これまでの経緯や先例を基に真摯に回答する必要がある。

　また，従業員が納得せず，不当解雇として争われる可能性があるような場合は，トラブルの深刻化・長期化を防ぐために面談の際に自主退職を促すことも検討すべきである。これに加えて，未消化の有給休暇がある場合の買い取りや，退職金の優遇等を提案することで円満な退職に繋がる場合も少なくない。

　従業員が自主退職に応じない場合は，解雇予告通知書を交付して従業員の署名をもらう。自主退職する場合は，解雇予告通知書の署名の代わりに退職届を受領する。

(3)　懲戒解雇

(i)　意　義

　懲戒解雇は，犯罪行為や深刻な不正など，会社の秩序に違反する行為をした従業員への制裁として従業員を解雇する方法で，違反行為に対する制裁である懲戒処分の中でも最も重い処分である。

　普通解雇と異なり，懲戒解雇をする場合には，就業規則に懲戒解雇をする場合がある旨，および懲戒解雇の理由が記載されていることが必要である。

　なお，懲戒解雇理由，それに準ずる理由がある場合に従業員に対して自主的な退職を促すもので，最も重い懲戒解雇より一段軽い処分として，諭旨解雇という処分が就業規則に規定されている場合もある。

(ii)　懲戒解雇の対象となる理由の例

　具体的な懲戒解雇の理由としては，【図表6－3】に例示するように，犯罪行為等いずれも普通解雇の場合よりも相当程度悪質といえるものでなければならず，普通解雇としては十分と判断される理由であっても，懲戒解雇の場合では懲戒権の濫用にあたり無効となることもあり得る（労働契約法15条）。

【図表6-3】　懲戒解雇の理由

犯罪行為	横領や背任等，業務に関係する経済事犯，社内での盗撮行為，飲み会での強制わいせつ等の性犯罪や，喧嘩で相手に怪我をさせる傷害行為等が懲戒理由となり得る。
情報漏えい	情報漏えいは，会社の信頼低下につながる大きな問題だが，情報漏えいした従業員を必ず懲戒解雇できるというものでもない。過去の裁判例では，背信的意図に基づき自社の資料を多量に持ち出したケースや，競業他社に渡す目的で社外秘の会議資料データを持ち出したケース等，背信的意図をもって機密性の高い情報を漏えいした場合に懲戒解雇を認める傾向にある。一方で，会社の営業促進目的で上司の許可なく顧客リストを漏えいしたケースでは，情報漏えいの目的や会社に損害が生じなかったことを重視し，懲戒権の濫用として解雇は無効と判断した裁判例もある。
経歴詐称	従業員の学歴・職歴・前科などの経歴詐称が必ず懲戒解雇の理由になるというものではない。しかし，経歴詐称が会社との信頼関係・会社の秩序を壊し，従業員の評価に影響を及ぼすような重大なものである場合は，懲戒解雇理由になり得る。一方で，評価に影響を及ぼさない程度の経歴詐称であれば，解雇権の濫用として懲戒解雇は無効になり得る。
無断欠勤・遅刻	従業員の長期間の無断欠勤や，度重なる遅刻・早退の態度が相当悪質といえる場合は懲戒解雇の理由になり得る。しかし，長期の無断欠勤の理由が体調不良等にある場合は，会社側に従業員に健康診断を受けさせる，休暇を取らせるなどの対応をとることが求められ，懲戒解雇が無効になる場合もある。
ハラスメント	セクハラ，パワハラ，スメハラ，マタハラなど，昨今様々なハラスメント行為が問題になっており，当該ハラスメント行為が会社の秩序を乱すほどの重大な場合は懲戒解雇理由となり得る。
懲戒処分後の対応不良	問題を起こす従業員に対して他の懲戒処分を与えても態度を改めず，会社秩序が維持できない場合には当該従業員を懲戒解雇できる可能性がある。

(iii)　懲戒解雇の手続

①　懲戒解雇理由の有無の調査と検討

懲戒解雇は，従業員に与える不利益が大きく，従業員としても問題となる行為に関して色々と言い分を持っていることも多い。そして，会社としては懲戒解雇の理由があると判断した場合でも，従業員を解雇した後に，懲戒解雇が重すぎるとして従業員が不当解雇であると主張して紛争となり，最終的に従業員側の言い分が認められた場合，会社は当該従業員に対して損害賠償責任を負う可能性もある。

そこで，従業員の行動に懲戒解雇の理由があるか否かについては，就業規則の規定や過去の裁判例等に照らして慎重に検討する必要がある。

②　弁明の機会の付与

懲戒解雇の理由が認められる場合，突然解雇するのではなく，まずは従業員本人に弁明の機会を与えるべきである。具体的には，当該従業員を呼び，不正行為やハラスメント行為等の本人の問題行為に関して，会社が懲戒解雇を検討していることを伝え，従業員の言い分を聞く必要がある。さらに，弁明の内容を書面化した弁明書を提出させることも有益である。

弁明の機会を与えたか否かは，当該従業員が懲戒解雇の有効性を争ってきた場合において，裁判所がこれを判断する際にも重要な事情となる。

③　解雇予告通知書の作成

懲戒解雇の場合でも，原則として解雇予告を行う。解雇予告をする場合は，普通解雇と同様，解雇予告通知書を作成する。

④　解雇の告知

普通解雇の場合と同様，解雇する従業員を別室に呼び出して，弁明の機会を付与したこと，懲戒解雇することを明確に伝える。従業員から，弁明の機会を与えてもなお反論がある場合も多いが，既述の解雇通知書に記載した懲戒解雇の理由になる事実以外について言及することは，解雇権濫用として解雇が無効になったり，損害賠償を請求されたりするリスクがあるため避けるべきである。

その後，従業員から解雇通知書に署名をもらう。従業員が署名を拒否する場

合は，内容証明郵便で郵送する。

3　解雇に関する注意点

(1)　解雇が制限される場合

(i)　時期による制限

　以下のような時期には原則として解雇が制限されているため注意が必要である（労働基準法19条）。

---

①　業務上の病気やけがで休業中の期間および復職後の30日の間
②　女性従業員が産前産後の休業中（産前6週間＋産後8週間の休業）および復職後30日の間

(ii)　解雇理由による制限

　例えば，以下のように，特定の理由で従業員を解雇することが法律によって禁止されているケースもあるため留意する必要がある。

---

①　正当な内部告発を理由とする解雇（公益通報者保護法）
②　育児休業・介護休業の申出をし，又は育児休業・介護休業をしたことを理由とする解雇（育児・介護休業法）
③　女性従業員が婚姻，妊娠，出産したことを理由とする解雇（男女雇用機会均等法）
④　労働組合の組合員であること，労働組合に加入し，またはこれを結成しようとしたこと，正当な組合活動をしたことを理由とする解雇（労働組合法）

---

(2)　解雇予告手当

(i)　解雇予告手当とは

　民法では，正社員等の期間の定めのない雇用契約で働いている従業員については，会社側も従業員側もいつでも解約を申し入れることができ，解約の申入れの日から2週間後に契約が終了するとされている（民法627条1項）。そのた

め，従業員側から退職を希望する場合は，退職日の2週間前までに会社に退職予告をすればよいことになる。

　他方で，会社側から従業員を解雇する場合にも2週間前の予告で足りるとすると，従業員にとっては再就職の準備をする期間がとれない等の不都合が生じる。また，実際には，会社と従業員との間には力の差があり，対等な当事者間とはいえず，会社がいつでも従業員を解雇できるとすると，弱い立場にある従業員が不利益を被ることになる。

　そこで，労働基準法は，民法のルールを修正して，会社側から従業員を解雇する場合には，原則として解雇の30日以上前に解雇予告が必要であると定めている。そして，解雇予告をしない場合には，30日分以上の平均賃金の支払いが必要とされる（労働基準法20条1項）。これが解雇予告手当である。

【図表6−4】　従業員側と会社側との違い

| 従業員側から退職を希望する場合 | ・退職日の2週間前までに会社に退職予告が必要。 |
| 会社側から従業員を解雇する場合 | ・原則として解雇の30日以上前に解雇予告が必要。
・解雇予告をしない場合には解雇予告手当が必要。 |

(ii)　解雇予告手当が不要となる場合

　懲戒解雇の場合のように，「労働者の責に帰すべき事由に基いて解雇する場合」（労働基準法20条1項ただし書）に該当すれば，労働基準監督署の除外認定を受けることによって，解雇予告または解雇予告手当の支払いが不要になる場合がある（同条3項・19条2項）。ここでいう「労働者の責に帰すべき事由」とは，従業員側に明らかな責任があり，会社が解雇予告手当を支払わず即時の解雇をすることも正当化されるほどに重大で悪質な事由に限定されると考えられ

ている。

　解雇予告手当を支給しないというケースでは従業員からの反発も想定されるため，あらかじめ就業規則にも労働基準監督署長の認定を受けた場合は解雇予告手当を支給しない旨を明記しておくことが望ましい。

　また，2カ月以内の期間雇用者（当初の期間内を超えて雇われている場合を除く），試用期間中で入社日から14日以内の従業員等も，解雇予告や解雇予告手当の支払いなく解雇することができる（同法21条）。

(iii)　解雇予告手当の計算方法

　既述の通り，解雇予告手当とは，会社が従業員を解雇する日の30日以上前までにその予告をせずに解雇する場合に，労働基準法20条1項により支払うことが義務付けられている金銭のことである。

　具体的には，会社が従業員に解雇を伝えた当日に即日解雇をする場合は，解雇予告手当として，その従業員の平均賃金の30日分を支払う必要がある。

　また，同条2項では，「前項の予告の日数は，一日について平均賃金を支払った場合においては，その日数を短縮することができる。」とされている。そのため，従業員を解雇する日の10日前に解雇予告をした場合は，30日から10日を差し引いた20日分の平均賃金を支払えばよいということになる。

　よって，解雇予告手当の金額は，単純化した場合，以下の計算式で計算することができる。

> 1日分の平均賃金×解雇予告期間が30日に足りなかった日数

(iv)　平均賃金の考え方

　平均賃金とは，「これを算定すべき事由の発生した日以前3箇月間にその労働者に対し支払われた賃金の総額を，その期間の総日数で除した金額をいう。ただし，その金額は，次の各号の一によって計算した金額を下ってはならない。」とされている（労働基準法12条1項）。

　そして，同項1号では，「賃金が，労働した日若しくは時間によって算定され，又は出来高払制その他の請負制によって定められた場合においては，賃金の総額をその期間中に労働した日数で除した金額の100分の60」とされ，同項2号では，「賃金の一部が，月，週その他一定の期間によって定められた場合においては，その部分の総額をその期間の総日数で除した金額と前号の金額の合算額」とされている。

　これらの定めをまとめると，平均賃金は【図表6－5】のようになる。そして，労働者の賃金を最低限保障するため，原則の金額が例外より低いケースでは，例外の金額が平均賃金となる。ただし，平均賃金の計算をする際の賃金総額には，3カ月を超える期間ごとに支払われる賃金（例：夏，冬の2回に分けて支給される賞与・ボーナス）は含まれないことに注意が必要である。

【図表6－5】　平均賃金

原則	直前3か月に支払われた賃金総額÷3か月の総日数
例外	直前3か月に支払われた賃金総額÷解雇日の直前の賃金締切日から3か月の従業員の出勤日数×60% ※日給，時間給，出来高払いの場合等

　また，同条2項では，「前項の期間は，賃金締切日がある場合においては，直前の賃金締切日から起算する。」とされている。そこで，例えば，給与の支払いが毎月末日締め，翌月15日払いの会社で，従業員が解雇される日が10月10日の場合，解雇日直前の賃金の締切日は9月末日になり，その前3か月間の7月1日から9月30日までの給与が，この従業員の賃金総額になる。

4　不当解雇

(1)　解雇の当否に関する紛争が生じた場合

　解雇は，従業員の失業手当の給付日数や支給制限の有無にも大きな影響を与える。そこで，解雇を告げられた従業員としては，結果的に退職するにしても，解雇ではない形での退職とするために，解雇が不当であるという主張を解雇時

または解雇後にする可能性がある。

　もし不当解雇を理由に従業員と対立が発生した場合，まずは，その従業員との話合いによる解決の道を模索することが重要である。これは，仮に裁判所を利用した手続で争う場合，解決までに時間や費用がかかり，対応コストがかさむ可能性があることや，会社のイメージの毀損等のレピュテーションリスクにも繋がるおそれがあるためである。

　そこで，まずはしっかりと従業員と話し合い，解雇を撤回することはできないとしても，例えば一定額の解決金を支払うといった解決ができないかを模索することも検討すべきである。

(2)　不当解雇について裁判所を利用した手続を行う場合

　不当解雇で争いが生じ，当事者同士の話合いでの解決が困難な場合，裁判所を利用した手続を行うことになる。不当解雇を争う裁判手続としては，労働審判と裁判があり，概ね以下のような形で手続が進行していくことになる。

(i)　労働審判

　労働審判では，労働者と会社との間で起きた労働問題について，労働審判官（裁判官）と労働審判員（労働問題に関する専門的な知識と経験を有する者）が関与しながら，訴訟よりも迅速な解決が図られる。

　労働審判手続においては，原則として3回以内の期日で審理を行うことになり，概ね第2回目までの期日で調停（和解）が成立して解決することが多い。

　和解が成立しない場合は労働審判の判断が下されることになる。そして，この結果に納得がいかない当事者は異議を出すことができ，この異議が出された場合には労働審判から通常の訴訟手続に移行することになる。ただし，実務上，審判の結果が訴訟によって覆るケースは多くはない。

(ii)　訴　訟

　労働事件についても，他の事件と同様に，労働審判ではなく通常の訴訟手続

で争われることも少なくない。既述のように，労働審判に対して異議が出され，結果として訴訟になるというケースもあれば，最初から労働審判ではなく訴訟手続が選択されるケースもある。

　例えば，労働者と会社の対立が深刻であり，双方の歩み寄りが見込まれない場合などには，労働審判を提起したとしても，最終的に訴訟に移行する可能性が非常に高いため，初めから訴訟を選択するという考えもあり得る。

【図表6－6】　労働審判と訴訟の違い

労働審判	・訴訟よりも迅速な解決を図る。 ・原則として3回以内の期日で審理を行う。 ・概ね第2回目までの期日で調停（和解）が成立して解決することが多い。
訴訟	・労働審判に対して異議が出されると訴訟に移行する。 ・双方の歩み寄りが見込まれない場合等には最初から訴訟手続が選択されるケースもある。

第 7 章

スタートアップにおける
ストックオプションの
活用

第1節　ストックオプション制度概要

1　労務管理におけるストックオプションの活用

　スタートアップにおいては，資金的な制約など上場企業などの大企業に比べ，一般的に給与水準が高くないことが多く，福利厚生も十分でないことが多い。したがって，このようなスタートアップが優秀な従業員を採用するためには，スタートアップへの入社を促す十分なインセンティブが必要になる。

　そのためスタートアップにおいては，従業員へのインセンティブのために，ストックオプション制度を導入するケースも多い。ストックオプションそれ自体は法律上「新株予約権」であり，労働法ではなく会社法の分野であるため，ストックオプション制度を詳細に記述している労務関係の書籍は少ない。

　もっとも，上述のように，スタートアップでは従業員へのインセンティブとしてストックオプションが活用されるケースが多い。したがって，本書ではスタートアップの労務分野の一つとして，ストックオプション制度を詳細に解説する。

2　ストックオプションとは

　ストックオプションとは，一定の権利行使期間内に，あらかじめ定められた価額（権利行使価格）で，自社株式を会社から取得することができる権利をいう。

　前述1の通り，ストックオプションは法律的には新株予約権の一種であり，その発行手続については，会社法第2編「株式会社」のうち，第3章「新株予約権」236条以下で規定されている。もっとも，同条以下の会社法の規定は複雑であり，かつ，会社法の新株予約権制度は，主に投資家等の外部者からの払込を伴う資金調達手段を想定して規定されている点も多い。

　したがって，スタートアップの経営者がストックオプション制度を理解するためには，会社法の規定を見ても理解が困難であるし，会社法の専門書を参考

にしても，そもそも従業員に対するストックオプション制度を念頭として記載
されていないことが多く，やはり理解が困難である。本書では，従業員に対す
るストックオプション制度について，スタートアップの経営者が理解できるよ
うな形で，かつインセンティブのための労務管理手段の一つとして解説する。

3　ストックオプションが従業員のインセンティブとなる理由

　ストックオプションが従業員のインセンティブとなるのは，端的に言えば，
「従業員が頑張れば会社の株価（企業価値）が上がり，これによりストックオ
プションを行使した場合に従業員の得られる利益が増えるから」である。

　前述の通り，ストックオプションとは，一定の権利行使期間内に，あらかじ
め定められた価額で，自社株式を会社から取得することができる権利をいうが，
このあらかじめ定められた価格を「権利行使価格」という。権利行使価格はス
トックオプションを付与された時に確定し，原則としてその後にこの価格は変
動しない。

　では，どのような流れで従業員は利益を得られるのだろうか。例えば，非上
場企業のスタートアップに勤務する従業員が，会社から，「ストックオプショ
ン１個あたり１株取得」「権利行使価額1,000円」「いつでも行使可能」という
ストックオプションを無償にて取得した場合を想定する（このようにストック
オプションは無償で発行されることが多い。この理由は後述）。

　このストックオプションを取得した従業員は，ストックオプションの行使と
して会社に対し1,000円を払えば，いつでも会社の株式を１株取得できる。
もっとも，非上場の会社の株式を取得しても，その株式を買ってくれる人は通
常おらず，非上場の会社の株式は売却に制限があるので，通常は従業員が上場
前にストックオプションを行使することはない（この点，ストックオプション
がそもそも上場前に行使できないような設計になっている場合が多いことは後
述第２節 2(8)）。

　その後，この従業員が大変に頑張ったことにより，無事に会社が上場したと
する。会社が上場すると，会社の株式に証券取引所の株価が付き，原則として

その会社の株式を自由に売買することができるようになる。ここで初めて従業員は，ストックオプションを行使し，会社の株式を取得することを検討することになる。そして，その会社の株価が権利行使価格である「1,000円」以上になった任意のタイミングで従業員がストックオプションを行使することで，従業員は利益を得られるのである。例えば，上場直後に，その会社の証券取引所の株価が1,500円となった場合，従業員は権利行使価格である1,000円を会社に支払えば，1株1,500円の株価が付いている株式を取得できる。その株式をすぐにネット証券等で売却すれば，従業員は500円の利益が得られる，ということである。また，自分が頑張ることでさらに会社の業績が上がり，株価が今後もっと上がると従業員が予想すれば，上場した後すぐにはストックオプションを行使せず，もっと待って株価が2,000円になってから行使する，ということも可能であるし，ストックオプションを行使した後に株式を売らずにおいて，株価がさらに上がるまで株式を保有しておくことも可能である。ただし，株価が権利行使価格を下回ってしまう場合は，ストックオプションを行使すると逆に損をする，ということにもなる。

4　夢のあるストックオプション

　ストックオプション行使や株式売却の際には，実際は税金や手数料などが発生するため，上記のように500円がそのまま利益になるわけではない。もっとも，ストックオプションの行使により利益が得られる仕組みとしては，前記3の例はわかりやすい。つまりは，従業員が頑張ることで，会社が上場できて証券取引所で株式を売却できるようになることや，上場後も株価が上がることから，ストックオプションが従業員のインセンティブとして機能するのである。従業員は当然，毎月の給料をもらっているが，上場したスタートアップの従業員は，毎月の給料の他に，ストックオプションの行使の利益を得ることができる。仮に毎月の給料が十分な額でないとしても，従業員はストックオプションの行使により多額のボーナス的な利益を手にすることができるのである。この点がスタートアップにおいてストックオプションが利用される理由である。余

談であるが，上場の際には会社は「目論見書」や「有価証券届出書」という法
定書面を公開する必要があるが，そこにはストックオプションが付与されてい
る者の名前と，付与されているストックオプション数が記載されている。これ
と上場時の株価を比較すれば，上場したスタートアップに勤めている知り合い
が，どれくらいの利益を手にすることができるのかがわかるのである（スター
トアップに入社した筆者の知り合いが，会社の上場により数億円の利益を手に
したこともわかってしまった例がある）。

　対して，よくあるのが，業績が芳しくなく，上場見込みがまるでない会社に
もかかわらず，従業員がストックオプションの付与を受けたことで，それをい
いことに会社からいわば馬車馬のように働かされるケースもある。こういう会
社は得てして月の給料も少ないことが多いが，経営者としては「ストックオプ
ションを付与しているのだから働け」という態度で，従業員に過剰な労働を強
いるケースがかつては散見された。反面，従業員もストックオプションの知識
がない場合，このようなストックオプションを掴まされ，長時間労働を強いら
れたが，結局会社が上場できず，ストックオプションが行使されることなく失
効した，という例もある。

　いずれにせよ，スタートアップに勤務する従業員にとっては，将来性のある
会社さえ見極められれば，ストックオプションは夢のある制度である，という
ことができる。

　なお，会社はストックオプションの発行の際に，行使条件（行使できる条
件）を付与することができるが，行使条件を株式上場の後，と定めている会社
がほとんどである。これも後述（第2節2(8)）する。

第2節　ストックオプションの設計・内容

1　ストックオプションの内容とは

　ストックオプションを発行するためには，どのようなストックオプションを

発行するのか，その内容を定める必要がある。例えば，前述の例では，「ストックオプション1個あたり1株取得」「権利行使価額1,000円」「いつでも行使可能」「無償」というストックオプションを発行することを想定したが，これらがストックオプションの内容となる。また，ストックオプションによって従業員が得られる利益は，従業員の所得として扱われるため，スタートアップとしては，従業員が支払う税金が優遇されるような設計にすることで，より従業員のインセンティブとして機能させることができる。以下，ストックオプションの内容について詳しく記載する。

　なお，これらのストックオプションの内容や数は，原則として株主総会の特別決議[1]にて決定される必要がある。細かい発行手続については後記第3節に譲る。

2　会社法上ストックオプション発行の際に定めるべき内容

　前述の通り，ストックオプションは会社法の新株予約権であるため，発行するためには会社法の規定に従う必要がある。

　下記のように，会社法236条1項および238条1項等の規定では，新株予約権を発行するときには，発行する新株予約権の内容その他の事項として決めなければならない事項が列挙されている。

【会社法236条1項の規定】

（新株予約権の内容）
第236条　株式会社が新株予約権を発行するときは，次に掲げる事項を当該新株予約権の内容としなければならない。
　一　当該新株予約権の目的である株式の数（種類株式発行会社にあっては，株式の種類及び種類ごとの数）又はその数の算定方法

1　株主総会において議決権を行使することができる株主の議決権の過半数（3分の1以上の割合を定款で定めた場合にあっては，その割合以上）を有する株主が出席し，出席した当該株主の議決権の3分の2（これを上回る割合を定款で定めた場合にあっては，その割合）以上に当たる多数をもって行わなければならない（特別決議。会社法309条2項）。

　二　当該新株予約権の行使に際して出資される財産の価額又はその算定方法
　三　金銭以外の財産を当該新株予約権の行使に際してする出資の目的とするときは、その旨並びに当該財産の内容及び価額
　四　当該新株予約権を行使することができる期間
　五　当該新株予約権の行使により株式を発行する場合における増加する資本金及び資本準備金に関する事項
　六　譲渡による当該新株予約権の取得について当該株式会社の承認を要することとするときは、その旨
　七　当該新株予約権について、当該株式会社が一定の事由が生じたことを条件としてこれを取得することができることとするときは、次に掲げる事項
（以下省略）

　ここでは、ストックオプションの発行のためにスタートアップが定めなければならない事項のうち、会社法236条1項の事項を含めて重要な事項について記載する。

①　ストックオプションの目的である株式の数
②　ストックオプションを行使する際に払い込む金額
③　ストックオプションを行使することができる期間
④　ストックオプションの譲渡について株式会社の承認を要するか否か
⑤　ストックオプションについて当該株式会社が一定の事由が生じたことを条件として無償でこの新株予約権を取得することができる事項
⑥　ストックオプションの発行の際に払込みが必要か否か（ストックオプションの発行の対価が無償か有償か。会社法238条1項2号3号）
⑦　ストックオプションの割当てを受ける者

　以上の他、スタートアップのストックオプションの発行の場合は、⑧ストックオプションの行使条件を定める場合が多い。なお、これらの事項は登記事項であるものがほとんどであるから、他のスタートアップがどのようなストックオプションを発行しているかを知りたい場合は、そのスタートアップの登記を取り寄せたり、【図表7－1】のような登記情報提供サービスを利用すること

【図表7-1】 登記情報提供サービス

出所:民事法務研究会「登記情報提供サービス」

で,内容を知ることができる[2]。

　上記のうち,スタートアップの経営者がストックオプション制度を理解し運
用するために,以下で十分に理解しておくべきものを述べる。

(1)　ストックオプションの目的である株式の数

　ストックオプション1個を行使した場合に,会社の株式を何株取得できるか
についての内容である(なお,ストックオプションは株ではないため,「個」
で数える)。この点,ストックオプション1個の行使で,取得できる株式を1
株と定めるのが一般的であり,スタートアップではほとんどのケースでこのよ
うに定められている。なお,会社において株式分割や株式併合が行われた場合
に備えて,ストックオプション1個の行使で取得できる株式数についての調整

　2　登記情報提供サービス
　　　https://www1.touki.or.jp/

規定についても定められるのが通常である。例えば，1個のストックオプションの行使で1株を取得できるとしたストックオプションを発行した会社が，1株を10株とする株式分割を行った場合は，調整規定により1個のストックオプションの行使で10株を取得できることになる。スタートアップでは上場前において，株式の流動性を高めるために株式分割を行うことが多いため，このような株式分割に備えて規定される条項である。

⑵　ストックオプションを行使する際に払い込む金額

　権利行使価格のことをいうが，払込金額ということもある。ストックオプションを行使して株式を取得する際に，従業員が会社に対して支払うべき金額である。上述の例で言えば，従業員が権利行使価格1,000円のストックオプションを行使する際には，会社に対して1,000円を支払う必要がある，ということである（その後，証券会社で1,000円より高値で売ることで利益になることも前述の通りである）。

　権利行使価格については，会社法上は自由に定めることができるが，後述のように，税制適格ストックオプション（従業員の税金の支払いが優遇されるストックオプション）を発行する場合は，権利行使価格を「ストックオプションを付与した時点（厳密には付与する契約を締結した時点）における株式1株あたりの価額以上」にしなければならない。つまりは，権利行使価格についても，会社のバリュエーション（企業価値評価）を考慮しなければならない，ということである。例えば，資金調達を行う場合，バリュエーションの結果，1株10,000円で株式を発行できるようなスタートアップであれば，ストックオプションを付与する場合も，権利行使価格を1株10,000円以上にしなければならない，ということである。実務的には直近の資金調達ラウンドの1株あたりの価格を参考にすることが多い。なお，この場合，順調なスタートアップであれば，設立からの期間が長くなるほど，バリュエーションが高くなるため，設立から後に発行されるストックオプションの方が権利行使価格は高くなってしまう。そして，従業員がストックオプションから得られる利益は，後述のように

権利行使価格が低いほど大きな利益が得られるため，基本的には先に入社した従業員の方がストックオプションで得られる利益が大きくなる，ということになる。

　また，ストックオプションの権利行使価格と似たような言葉として，「ストックオプションの発行価格」という言葉がある。これは，ストックオプション自体を取得するために（会社がストックオプションを付与する際に），従業員が会社に対していくら払い込む必要があるかの価格である。この点，後述する「(6)ストックオプションの発行の際に払込みが必要か否か（ストックオプションの発行の対価が無償か有償か）」の通り，発行価格は無償とされる場合が多い。

(3)　ストックオプションを行使することができる期間

　文字通り，ストックオプションを行使することができる期間，言い換えれば権利行使価格を会社に対して払い込むことで会社の株式を取得できる期間をいう。

　期間については原則として会社が自由に定めることができる。もっとも，通常，会社は税制適格ストックオプション（従業員の税金の支払いが優遇されるストックオプション）を発行するところ，税制適格ストックオプションの税務上の要件として，権利行使期間については，ストックオプション付与を行った株主総会決議等の日の後，2年を経過した日から当該付与決議の日後10年を経過する日までの間とする必要がある。したがって，スタートアップの発行する無償のストックオプションの行使期間はほとんどがこの範囲に収まっている。

(4)　ストックオプションの譲渡について株式会社の承認を要するか否か

　従業員がストックオプション自体を，第三者に売却することができるかどうかである。前述の通り，ストックオプションは従業員のインセンティブとして発行されるのであるから，会社としては従業員がストックオプションを第三者に売ってしまうと，発行の意味がなくなってしまう。また，税制適格ストックオプションの要件として，ストックオプションを第三者への譲渡禁止とする旨を規定する必要がある。したがって，スタートアップが発行するストックオプ

ションについては，ほぼすべてが譲渡禁止となっている。

(5)　ストックオプションについて当該株式会社が一定の事由が生じたことを条件として無償でこのストックオプションを取得することができる事項

　会社が事前に定める条件に該当した場合，会社が従業員から強制的にストックオプションを取得できる規定である。

　会社は従業員に対し，インセンティブになることを目的としてストックオプションを発行しているのであるから，この目的が達成されなくなった場合まで，従業員のストックオプション保有を認める必要がない。典型的には，従業員が退社した場合には会社が強制的にストックオプションを取得（回収）できる定めである（後述の行使条件とも関連する）。

　また，会社がM&A等の組織再編を行うことも，会社が従業員からストックオプションを取得できる条件とすることも多い。例えば，スタートアップの創業経営者である社長が，エグジット（創業経営者が保有する株式の売却等を行うこと）として他社に自社株式を譲渡するM&Aを選択した場合である。当該株式を買い取る他社は，自社を完全子会社化（100％子会社化）するためにM&Aに応じる場合がほとんどだが，このような場合に自社のストックオプションが残っていると，将来的に行使されてしまう可能性があり，買い手にとっては完全子会社化を達成できないことになってしまう。そこで，創業経営者がエグジットとしてM&Aを選択し，自己の保有する自社株式を第三者に売却する場合には，従業員のストックオプションが強制的に取得されてしまう，という条件をストックオプションに設定しておく，ということである。なお，そうすると従業員としてはインセンティブが消滅してしまうため，会社を辞めてしまうことも考えられるから，創業経営者から株式を買い取った完全親会社においては，これらの従業員に対して，完全親会社のストックオプションを発行してくれるケースもある。

　また，上述のような条件が発動した場合には，会社は無償にてストックオプ

ションを取得することができると定めるのが一般的である。

(6)　ストックオプションの発行の際に払込みが必要か否か
　（ストックオプションの発行の対価が無償か有償か）

　ストックオプションを取得するために（ストックオプションの付与を受ける
ために）対価が必要か，ということである。後述のように，税制適格ストック
オプションにする場合は，無償にて発行する必要があるし，従業員のインセン
ティブとするには，基本的に無償で発行するのが望ましい。

　なお，前述(2)で述べた通り，ストックオプションの発行の際の払込価格（ス
トックオプションを取得する対価は有償か無償か）と，ストックオプションを
行使する場合の権利行使価格（いくら払えば株式を貰えるか）については，や
や混同しがちな概念であるため，注意が必要である。

　また，最近では有償ストックオプションも発行されることもある。これはや
や難しい話ではあるが，無償発行かつ税制適格ストックオプションであること
を貫こうとすると，税制適格ストックオプションの要件を満たすことが難しい
ことがある場合があり，この場合は有償ストックオプションにした方がかえっ
て税制上の優遇が受けられる場合があるためである。詳細は後述の有償ストッ
クオプションのパートで記載する。

(7)　ストックオプションの割当てを受ける者（付与対象者）

　本章はスタートアップの従業員に対するストックオプションを念頭にしてい
るため，ストックオプションの付与対象者には当然に会社の従業員を含む。他
には取締役，執行役等の役員に付与される場合[3]が多い。

　なお，スタートアップ労務の観点からは多少相違するが，【図表7－2】の

　3　なお，ストックオプションを50名以上の者に割り当てる場合で，その中に「取締役，会計参
　　与，監査役，執行役又は使用人」以外の者が含まれる場合は，非上場のスタートアップでも，
　　原則として有価証券届出書の提出義務を負う（金融商品取引法4条1項等）。例えば，1回の
　　ストックオプションの発行において，役員4名，従業員45名，外注先のエンジニア1名にス
　　トックオプションを発行すると，当該ストックオプションの発行に際して，有価証券届出書の
　　提出義務が発生することになる。

【図表7－2】　ストックオプション税制の適用対象者の拡大

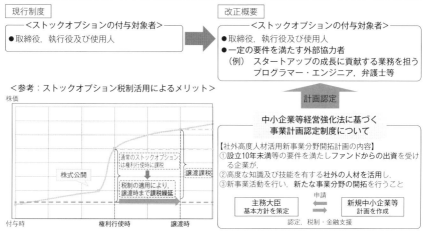

●スタートアップが，兼業・副業等の多様な働き方で活躍する国内外の高度専門人材を円滑に獲得できるよう，**ストックオプション税制の適用対象者を現行の取締役・従業員から，スタートアップの成長に貢献する社外の高度人材（外部協力者）にまで拡大し**，ストックオプションを利用した柔軟なインセンティブ付与を実現する。
●申請企業は，**外部協力者を活用して行う事業計画を作成し，主務大臣が認定。認定計画に従って事業に従事する外部協力者へのストックオプションの付与に関して，税制優遇措置を適用**する。

出所：経済産業省「ストックオプション税制に関する認定制度（社外高度人材活用新事業分野開拓計画）」

　ように，平成31年の税制改正において，これまでは税制適格ストックオプションの付与対象者が会社の取締役，執行役，従業員（使用人）であったのが，これらに加えて一定の要件を満たす外部協力者（例，プログラマー・エンジニア等の業務委託先，弁護士等）まで拡大することになった。これは，スタートアップが，兼業・副業等の多様な働き方で活躍する国内外の高度専門人材を円滑に獲得できるように，ストックオプション税制の適用対象者を現行の取締役・従業員から，スタートアップの成長に貢献する社外の高度人材（外部協力者）にまで拡大し，ストックオプションを利用した柔軟なインセンティブ付与を実現するため，とされている。

　この改正自体はスタートアップにとっても有名な話であるため，改正後，筆

者の下には「知り合いの外部のエンジニアに税制適格ストックオプションを発行してあげたい」という相談がいくつかあった。もっとも，外部協力者への税制適格ストックオプションの発行については，その他の要件が厳格であり，簡単には発行できないようになっていることにも留意が必要である。要件としては，大まかには，①経済産業省から認定を受けた企業が，②社外高度人材として，③専門性や会社への貢献度等の高い人材に対して，税制適格ストックオプションの要件を満たすストックオプションを発行する場合に，外部協力者に対する税制適格が認められる。詳細は経済産業省ウエブサイト「社外高度人材に対するストックオプション税制の適用拡大[4]」に記載がある。

⑻　ストックオプションの行使条件

　付与されたストックオプションを行使するための条件である。これは，ストックオプションは付与されたとしても，会社が定める条件を満たさない限り，行使することはできない，ということである。

　例えば，繰り返し述べる通り，ストックオプションは従業員へのインセンティブとして発行され，行使により得られる利益はいわば会社からのボーナスである。そのため会社としては，ストックオプションを付与した従業員に対し，行使時においても従業員であってもらうことを望むのが通常である。したがって，会社は，ストックオプションの行使条件として「ストックオプションの行使時に会社の従業員であること」と定めることが一般的である。

　また，ストックオプション行使により株式を取得しても，売却して換金できる市場がなければ意味がない。さらに，上場前にストックオプションを行使されると，株主が増加してしまい，会社にとって株主管理コストが増大したり，M&Aによるエグジットの際の株式売却の際に支障が生じることがある。

　したがって，スタートアップのストックオプションの行使条件として，「会社の株式が証券取引所に上場していること」という条件が付けられることも一般的である。

4　https://www.meti.go.jp/policy/newbusiness/stockoption.html

3　税制適格ストックオプション

(1)　ストックオプションに関する税金の考え方

　税制適格ストックオプションとは，ストックオプションを行使する従業員が，税金面で優遇されるストックオプションをいう。もう少し正確に言うと，従業員の税金の支払いを遅らせることができるストックオプションをいう。以下，税制適格ストックオプションの必要性を述べる。

　まず，ストックオプションを行使するためには，会社に対して権利行使価格を払い込む必要がある。権利行使価格の払い込みを行うと，従業員は株式を取得できる。その後，その株式を証券取引所における株価で売却することにより，従業員は株式売却代金を得られる。したがって，従業員の利益は，権利行使価格と株式売却代金の差額，ということになる。例えば，権利行使価格が1,000円，株式取得時点（ストックオプションの権利行使時点）の株価が10,000円，株式売却時点の株価が15,000円である場合，従業員の利益は14,000円（株式売却時点の株価15,000円と権利行使価格の1,000円の差額）ということになる。

　所得税というのは基本的に利益に課税されるため，この14,000円に課税されるのは理解ができると思う。問題となるのは，いつ課税されるのか，および何パーセントの税率がかかるのか，である。これが税制適格ストックオプション，および税制非適格ストックオプションの問題である。ポイントは，「課税されるタイミングでお金（売却代金）が手元にあるかどうか」と「どれだけ税金を払う必要があるのか」である。

(2)　税制非適格ストックオプションの課税

　従業員がストックオプションで利益を得られるまでの段階として，大きく①ストックオプション付与時，②ストックオプション権利行使時，③株式の売却時という3つの段階がある。

　まず，①ストックオプション付与時においては，従業員は換金可能な資産（株式）を手にしている訳ではないので，基本的にこの時点での利益はゼロである（厳密にはストックオプションという権利を取得しているため，この時点

で従業員はストックオプションの公正価値分の利益を得ているのだが，税務上
は利益はゼロ，と考えられている）。

　次に，②ストックオプションの権利行使時点においては，従業員はストック
オプションを行使することにより，会社の株式を取得することができる。前述
の例により，権利行使価格が1,000円，株式取得時点（ストックオプションの
権利行使時点）の株価が10,000円である場合で考えてみる。従業員は，ストッ
クオプションの権利行使時点において，1,000円の権利行使価格を会社に対し
て払い込むことにより，10,000円の株式を取得しているため，9,000円の利益
を手にしているといえる。この点，税法というのは，基本的に国民に対して早
く税金を課そう，という目的で定められているため，原則として，当該株式取
得時点で，従業員には9,000円の所得が発生していると考える。したがって，
株式取得時点（ストックオプションの権利行使時点）で，従業員の9,000円の
利益に対して課税されるのが原則である。

　もっとも，ここで発生する問題として，従業員は9,000円の株式を取得して
いるだけであり，実際に金銭を手にしている訳ではない。それにも関わらず，
株式取得時点で従業員に税金を課されてしまうのである。株式取得時点ですぐ
に株式を売却して現金化できればいいが，インサイダー規制との関係，後述す
る年間の権利行使価額の制限の関係，および上場後すぐに株価が下落してしま
う場合の問題（IPO後にはよく見られる現象である）があり，すぐに株式を売
却できるとは限らない。前述の通り，ストックオプションには権利行使期間が
あるため，長期間行使しないで株価最高値を待つ，ことが必ずしもできない。

　加えて，ではいくら税金を払う必要があるのか，という問題もある。この点，
従業員が付与されたストックオプションは，会社との雇用契約に基因してその
権利が与えられているといえるから，9,000円の利益は税務上，給与所得とし
て扱われることになる。給与所得は累進課税方式で税率が決まる総合課税とな
るため，年間4,000万円以上の所得があると，住民税込みで最大55%が課税さ
れることなる。ストックオプションの行使により取得できる株式数が多かった
り，株価が高かったりすると，毎月貰っている月給を合計して所得を計算した

場合，年間4,000万円以上の所得となる場合もあり，最高税率55％が課される
こともある。

そうすると，場合によっては，株式取得時点での課税により，数千万円の税
金を納めないといけない場合もあるが，株式を現金化できていない場合には，
そもそも納税資金がない，ということも起こってしまう（なお，納税の方法と
しては，給与所得であり源泉徴収の対象になるため，原則として会社に納税額
を支払う，という処理になる）。

さらに，③株式の売却時にも，株式売却により得られた利益に課税される。
先程の例でいうと，株式の取得時点の株価10,000円と，株式売却時点の株価
15,000円との差額5,000円が株式売却による利益となるため，この金額につい
て原則として約20％の譲渡所得課税（申告分離課税）が課せられることになる
（【図表7－3】参照）。

つまり，ストックオプションの付与から，取得した株式を売却するまでの間，

【図表7－3】 税制非適格の場合

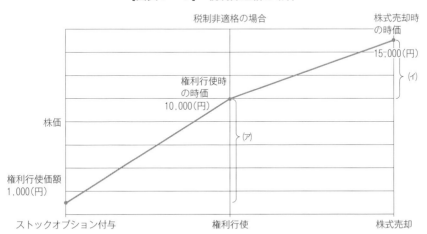

⑺ 権利行使価格1,000円と権利行使時点の株価である10,000円の差額9,000円に対し，給与所得とし
　て課税
⑷ 権利行使時点の株価である10,000円と株式売却時の株価15,000円の差額5,000円に対し，譲渡所得
　として課税

２度課税されることになるが，１度目の課税について，前述のような課税のタイミングと所得税の高い税率という問題が発生する。これがストックオプションにおいて課税される原則の方法であり，税制非適格ストックオプションと呼ばれるものである。これでは従業員がストックオプションの付与を受けても，ストックオプションの行使に躊躇してしまい，インセンティブとして機能しなくなるおそれがある。

　もっとも課税当局もそこは考えてくれており，一定の条件を満たしたストックオプションについては，課税のタイミングと所得税の高い税率という問題を解決できる税制適格ストックオプションとしての発行を認めている。

(3)　税制適格ストックオプション

　税制適格ストックオプションは，法が定める条件で発行することにより，課税のタイミングと所得税の高い税率という問題を回避することができるストックオプションである。

　まず，税制非適格ストックオプションの１つ目の問題として，現金が手元に入ってきていないにもかかわらず，②株式取得時点（ストックオプションの権利行使時点）で課税されてしまう問題があったが，税制適格ストックオプションでは，③株式売却時点にのみ課税する扱いになる（②株式取得時点では課税されない）。

　また，税制非適格ストックオプションの２つ目の問題であった，累進課税方式で税率が決まる給与所得課税として課税されることについて，税制適格ストックオプションでは利益のすべてを約20％の税率で課税される譲渡所得課税とする扱いになる。

　税制適格ストックオプションの課税の例として，前述のように，権利行使価格が1,000円，株式取得時点（ストックオプションの権利行使時点）の株価が10,000円，株式売却時点の株価が15,000円であった場合を考えてみる。まず，②株式取得時点（ストックオプションの権利行使時点）においては，税制非適格ストックオプションでは，権利行使価格と株式取得時点の株価の差額であっ

た9,000円の利益に対し，現金化されていないにもかかわらず給与所得として課税された。これに対し，税制適格ストックオプションでは現金化されていない②株式取得時点（ストックオプションの権利行使時点）の時点では課税されない。これは，前述の通り，税制適格ストックオプションが，株式を売却して現金化した時点で初めて課税してあげよう，という目的により認められた制度であるためである（これを課税の繰り延べという）。

　そして，税制非適格ストックオプションでは，③株式売却時点において，株式の取得時点の株価10,000円と，株式売却時点の株価が15,000円との差額5,000円の株式売却による利益に対し，約20％の譲渡所得課税（申告分離課税）が課せられる。これに対して税制適格ストックオプションでは，②株式取得時点では課税が繰り延べられていたため，③株式売却時点において，これまでに得られた利益全額に課税する，ということになる。前述の例でいえば，従業員のトータルの利益は，権利行使価格1,000円と株式売却時点の株価である15,000円の差額である14,000円に対して，現金収入がある③株式売却時点において，1度に課税してしまおう，ということである。しかも，この14,000円には，累

【図表7－4】　税制適格の場合

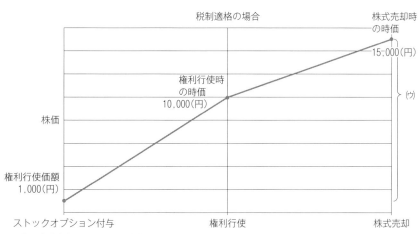

(ウ)　権利行使価格1,000円と株式売却時の株価15,000円の差額14,000円に対し，譲渡所得として課税

進課税方式で税率が高くなりがちな給与所得としてではなく，一律約20％の譲渡所得課税として扱うことで，従業員の税負担自体も抑えられる，ということである（【図表7－4】参照）。

　つまり，税制非適格ストックオプションも税制適格ストックオプションも，14,000円の利益全額に課税されることは変わらないが，税制適格ストックオプションについては現金化できている時点まで課税が繰り延べられ，かつ税負担も抑えることができる点でメリットが多い。したがって，スタートアップが従業員に対し無償ストックオプションを発行する場合は，税制適格ストックオプションになるように設計することがほとんどである。

⑷　税制適格ストックオプションに該当するための要件

　前述のように，税制適格ストックオプションか税制非適格ストックオプションかでは，従業員の税負担等が大きく異なる場合があるため，スタートアップとしては，無償でのストックオプションを発行する場合は，税制適格ストックオプションの要件を満たすように発行することが望ましい。以下，税制適格ストックオプションの要件を記載する。なお，実際に税制適格ストックオプションを発行しようとする場合は，最新の税法規定を確認するとともに，自社が発行しようとするストックオプションの内容や行使条件等について，必ず税理士等の税の専門家のレビューを受けるべきである。また，事後的に税制適格ストックオプションの要件を満たしていないことが判明した場合には，従業員のインセンティブ機能が喪失してしまうこともちろんであるが，エグジットを行う際のIPO審査やM&Aのためのデューデリジェンスでも問題にされる可能性がある。さらに，後述のように，税制非適格ストックオプションについては，事後的にストックオプションの行使の要件を変更しても，税制適格ストックオプションとすることができないとされているため，発行時には慎重に検討する必要がある。

【国税庁「ストックオプション契約の内容を税制非適格から税制適格に変更した場合」】[5]

> 　この「特定新株予約権等」（筆者記載：税制適格ストックオプションのこと）とは，付与決議に基づき株式会社と取締役等との間に締結された契約により与えられた新株予約権等で，その新株予約権等に係る契約において租税特別措置法第29条の2第1項各号に掲げる一定の要件が定められているものをいいますので，新株予約権等を与えられた当初の付与契約において，一定の要件を定められていなければならないと解されます。
>
> 　したがって，新株予約権等を与えられた当初の付与契約が税制適格要件を満たさないものについては，権利行使前に契約内容を変更して税制適格要件を満たすものにしたとしても，租税特別措置法第29条の2の規定を適用して，株式の取得による経済的利益を非課税とすることはできません。

　以下の要件をすべて満たすストックオプションである必要がある。

(i)　ストックオプションの発行価格

　税制適格ストックオプションとするためには，会社は従業員に対し，ストックオプションを無償にて発行する必要がある。つまり，ストックオプション付与時において，従業員からの払い込みを不要とする，ということである。

(ii)　ストックオプションの権利行使価額

　権利行使価格を，ストックオプションを付与した時点（厳密には付与する契約を締結した時点）における株式1株あたりの価額以上にしなければならない。前述の通り，実務的には直近の資金調達ラウンドの1株あたりの価格を参考にしたり，（資金調達ラウンドとストックオプションの発行時がどれくらい期間が空いているかにもよるが）同じ価格とすることが多い。

5　https://www.nta.go.jp/law/shitsugi/shotoku/02/28.htm

(ⅲ)　付与対象者

　会社およびその子会社の取締役，執行役，または使用人（従業員）である。監査役は対象外である。また，前述のように，平成31年の税制改正により，これらに加えて一定の要件を満たす外部協力者（例，プログラマー・エンジニア等の業務委託先，弁護士等）まで拡大することになった。

　なお，非上場会社であるスタートアップの場合は，すでに発行されている株式の3分の1を超える割合の株式を保有している者や，その親族・配偶者などは，税制適格ストックオプションの付与対象者とならない。具体的には，自社株式の3分の1超を保有する創業経営者などが該当するが，通常の従業員が自社株式の3分の1超を保有しているケースは稀であると思われる。

(ⅳ)　権利行使期間

　ストックオプション付与を行った株主総会決議等の日の後，2年を経過した日から当該付与決議の日後10年を経過する日までの間とする必要がある。

(ⅴ)　年間の権利行使価額の限度額

　ストックオプションの年間の権利行使価額の合計額を1,200万円までとしなければならない。なお，ここでいう権利行使価格とは，ストックオプションの権利行使において取得する株式の時価ではなく，権利行使価格自体で算定される。

(ⅵ)　譲渡制限

　ストックオプション自体を譲渡禁止にする必要がある。

(ⅶ)　株式の保管委託

　権利行使により取得した株式につき，会社と証券会社等との間で管理等信託契約を締結し，従業員が株式を取得した後に，当該証券会社等で保管または管理等信託がされることが必要となる。

(viii)　会社法の手続遵守

　ストックオプションの行使に係る株式の取得等が，会社法238条1項に定める募集事項の決定方法に違反しないで行われる必要がある。

(ix)　調書の提出

　会社は，ストックオプションを付与した年の翌年1月31日までに，「特定新株予約権（税制適格ストックオプション）の付与に関する調書」を，会社の本店所在地の管轄税務署に提出する必要がある。

4　その他のストックオプション
(1)　有償ストックオプション

　これまでは，スタートアップにおいて従業員のインセンティブのためのストックオプションとして，税制適格ストックオプションである無償ストックオプションを見てきた。もっとも，必ずしも常に税制適格ストックオプションを発行できるわけではない。

　例えば，前述の通り，年間の権利行使価額の限度額として，ストックオプションの年間の権利行使価額の合計額が1,200万円までとしなければならないが，ストックオプション付与時の会社のバリュエーションが高く権利行使価額が高く設定されている場合や，ストックオプションを大量に付与するような場合においては，当該要件がクリアできない，という場合がある。

　また，従業員のインセンティブという点からはやや相違するが，自社株式の3分の1超を保有する創業経営者などについては税制適格ストックオプションの適用にならないため，スタートアップ自体がそもそも税制適格ストックオプションの発行を躊躇する場合もある。

　このような場合に，最近ではスタートアップにおいて，有償ストックオプションの活用が増えている。有償ストックオプションでは，ストックオプション付与時（株式取得時ではない）に，従業員が会社に対し金銭を支払うことで，はじめてストックオプションを付与してもらえるものである。なお，この場合，

無償ストックオプションと異なり，従業員はストックオプションの対価を払い込んでいるから，有償ストックオプションの取得は投資取引として扱われることになる。したがって，有償ストックオプションの行使時においては単に自己が対価を負担している権利を行使するものであるから，無償発行による税制適格ストックオプションと同様に，ストックオプション行使時には課税されないことになっている。この点では，税制適格ストックオプションと同様の税務メリットを受けられるため，スタートアップにおいては，要件が厳しい税制適格ストックオプションを発行するよりは，有償ストックオプションを発行した方がいい，というケースがある。

　ここで問題になるのは，無償ストックオプションと異なり従業員から対価を払ってもらって発行するものであるところ，有償ストックオプションの発行価格の算定方法が問題になる。ストックオプションはファイナンスとしては，その名の通り「オプション」という金融商品であるため，発行価格はオプションの公正価値をブラックショールズモデル等の金融工学的な計算方法で測定する必要がある。もっとも，その計算方法はあまりに高度になるためここでは割愛する。

(2)　時価発行新株予約権信託

　時価発行新株予約権信託とは，時価により発行される新株予約権（ストックオプション）を，受託者たる信託銀行等が保管し，一定の時点で，条件を満たした受益者（役員・従業員など）に対して，新株予約権を交付するものをいう。

　その内容は複雑であるためここでは割愛するが，時価発行新株予約権信託を発行するメリットだけを簡単に述べる。

　ストックオプションは後述のように，権利行使価格として，ストックオプション付与時の株式の時価以上に設計する必要があるため，基本的に設立から時間が経つほどに権利行使価格が上がっていく。そうすると，先に入社し，早くからストックオプションをもらっている従業員の方が，そのストックオプションの権利行使価格が低いため，行使の際により利益を上げることができる。

対して，後から入社して，権利行使価格が高くなってからストックオプション
を取得した従業員は，先に入社した従業員に比べると得られる利益が小さく
なってしまう。これは一見公平のようにも見えるが，スタートアップの経営者
としては，入社時期に関わらず，会社に貢献してくれた人に対して多額の利益
を得てほしい，と考えるのが通常である。

　このようなニーズに応えるべく採用されるのが時価発行新株予約権信託であ
る。時価発行新株予約権信託はわかりやすく言うと，あらかじめストックオプ
ションを発行しておくが，それを信託銀行等の受託者に預けておき，株式上場
後等のある任意のタイミングにおいて，すべての従業員を対象にして，会社へ
の貢献度に応じてストックオプションを付与することができる，という制度で
ある。そうすれば，スタートアップの経営者は，従業員の入社時期に関わらず，
会社への貢献度に応じて株式上場後等のある任意のタイミングにおいて，従業
員に対しストックオプションを付与することができることになる，ということ
である。

　もっとも，時価発行新株予約権信託のスキーム構築は専門的であり，かつ信
託銀行等への信託費用がかかるため，導入にはそれなりのコストが発生する。

第3節　ストックオプションを発行するための手続

1　ストックオプション発行のための手続概要

　ここまでは，スタートアップの経営者がストックオプションを発行する場合，
どのような内容や設計にすべきかを見てきた。ここでは，スタートアップがス
トックオプションを実際に発行するために，どのような手続を踏むべきかにつ
いて記載する。

　会社がストックオプションを発行するために必要となる大まかな手続は，以
下の通りである。なお，ここでは，株式に譲渡制限が付いている非公開会社で
あるスタートアップが，総数引受契約という手続的に簡便な方法により，株主

総会特別決議にてストックオプションを発行するケースを想定する。

---

①　株主総会を開催し，募集事項の決定等につき特別決議を経る
②　従業員との間で，ストックオプション付与契約と総数引受契約を締結する
③　有償ストックオプションの場合，従業員が会社に対し払込を行う
④　ストックオプション発行の登記を行う
⑤　新株予約権原簿を作成，保存する

以下，それぞれの手続を個別に見ていく。

2　株主総会の開催

　会社がストックオプションを発行するために株主総会で決議しなければいけない事項としては，①ストックオプションの募集事項の決定決議，②総数引受契約の承認決議，③取締役の報酬についての承認決議，④「特に有利な価格」で発行する場合の承認決議のうち，発行するストックオプションの内容に応じて，すべてまたは一部の株主総会の決議を経る必要がある。これらの決議は，一度の臨時株主総会ですべて決議してしまうことが可能である。また，株主全員の合意があれば，これらの内容の決議について，株主総会を開くことなく，書面上の決議でも可能である（書面決議。会社法319条1項）。

(1)　ストックオプションの募集事項の決定

　スタートアップは，ストックオプションの発行を行うためには，ストックオプションについての下記の事項（これを「募集事項」という）について，株主総会の特別決議を経る必要がある（会社法238条1項2項・309条2項）。

- ストックオプションの内容および数
- ストックオプションを無償発行する場合はその旨
- ストックオプションを有償発行する場合は払込金額またはその算定方法
- ストックオプションの割当日

> ・（有償ストックオプションの場合は）ストックオプションの取得と引き換えに
> する金銭の払込期日

　上記のうち「ストックオプションの内容」とは，これまで見てきたストック
オプションの設計内容である。つまり，これまで見てきたストックオプション
の内容については，株主総会の特別決議にて承認されることによりはじめて会
社法に基づき発行が可能になる，ということである。

(2)　総数引受契約の承認決議

　会社法では，会社と従業員との間で総数引受契約という契約を締結すること
により，簡便な手続でストックオプションの発行手続を完了させることが認め
られている（総数引受方式。詳しくは後述3(2)。会社法244条1項）。そして，上
場前のスタートアップはほぼすべて株式に譲渡制限が付いているところ，総数
引受契約の承認のためには，取締役会を設置していない会社については，株主
総会の特別決議が必要になる（会社法244条3項）。取締役会設置会社の場合は
取締役会の決議で足りる。

　つまり，譲渡制限株式を発行しているスタートアップが，取締役会を設置し
ておらず，かつ簡便な総数引受方式よりストックオプションを発行する場合に
おいて，(2)総数引受契約の承認決議としての株主総会の特別決議が必要になる。

(3)　取締役の報酬についての株主総会

　スタートアップがストックオプションを発行する場合，従業員に対してのみ
ならず，取締役に対しても発行する場合が多い。ストックオプションを取締役
に発行する場合には，ストックオプションが会社法の報酬規制の対象となるた
め，株主総会の普通決議が必要になる（会社法361条）。

(4)　「特に有利な金額」で発行する場合の承認

　有償ストックオプションを発行する場合において，従業員の払込金額がス

トックオプションの公正価値に比べて「特に有利な金額」である場合は，取締役は，株主総会において，特に有利な金額であることにつき理由を説明しなければならない（会社法238条3項2号）。

　なお，以下はかなり細かいので参考であるが，ストックオプションの無償発行それ自体が「特に有利な条件であるとき」（会社法238条3項1号）にあたり株主総会における理由説明が必要ではないか，という問題もある。もっとも，ストックオプションの無償発行は従業員の職務執行の対価であり，会社はストックオプションの発行に見合った対価としての労働役務を得ているのだから，既存株主から従業員への価値の移転はないとされ，その結果「特に有利な条件であるとき」にはあたらない，と考えられる。

3　従業員との間での契約締結

(1)　付与契約の締結

　付与契約とは，会社がストックオプションを発行することについて，会社と従業員との間で締結される契約をいう。前述のように，スタートアップがストックオプションを発行するためには，募集事項（ストックオプションの内容等の要項）を株主総会の特別決議で決定する必要があるが，これはすべての従業員に対して共通に適用される内容である。これとは別に，会社と個々の従業員との間で，それぞれ付与契約を締結する。

　付与契約には，要項で定められなかった内容，かつ会社が従業員ごとに個別に定めた方がよい内容が記載される。どの内容を要項ではなく付与契約で定めるべきかは，会社ごとの事情によるため一概には言えないが，例えばベスティング（ストックオプションを段階的に行使できるようにすること。後記第4節3）や，会社にM&A等の企業再編が生じた場合のストックオプションの扱いなどが該当する。また税制適格ストックオプションを発行する場合において，行使可能期間や年間の権利行使価格の制限等も付与契約にて記載される。

⑵　総数引受契約の締結

　総数引受契約とは，1回の発行手続で発行するストックオプションの引き受ける人（取得する人）があらかじめ決まっている場合に，会社とストックオプションを引き受ける人との間で締結することにより，発行手続を簡便にすることができる契約をいう。

　ストックオプションを発行するためには，原則として，ストックオプションの引き受けの申込みをしようとしている者に対し法定事項を通知し，申込みを行おうとする者は，その氏名，住所，引き受けようとするストックオプションの数等を，会社に対して提供しなければならない（申込みの手続。会社法242条）。また，会社はストックオプションの引き受けの申込みを行った者から，実際にストックオプションを割り当てる者を通知しなければならない（割当ての手続。会社法243条）。

　もっとも，スタートアップがストックオプションを発行する場合は，引き受ける従業員があらかじめ決まっている場合がほとんどである。このような場合に対応するため，会社法では，会社と従業員との間で総数引受契約を締結することにより，前述の申込みと割当て通知の手続を行うことなくストックオプションの発行手続を完了させることが認められている（総数引受方式。会社法244条1項）。実務上，スタートアップでは，総数引受契約でストックオプションを発行する場合が多い。なお，上場前のスタートアップはほぼすべて株式に譲渡制限が付いているところ，前述の通り，株主総会の特別決議（取締役会設置会社の場合は取締役会）で，総数引受契約の承認が必要になる（会社法244条3項）。

4　有償ストックオプションの場合，従業員が会社に対し払込を行う

　有償ストックオプションの場合は，従業員は決められた期日までに，払込金額の全額を払い込む必要があり，期日までに払込を行わない場合は，ストックオプションを行使できなくなる（会社法246条1項3項）。

　なお，従業員の意思の下，従業員と会社の明確な同意があれば，従業員が会

社に対して有する給与債権と，会社が従業員に対して有する払込金債権を相殺
することにより，ストックオプションの払い込みとすることができる。わかり
やすく言えば，もらうべき給与をストックオプションの払い込みに充てること
ができる，ということである。もっとも，ここで注意すべきは，給与債権と相
殺できるのは従業員の明確な同意がある場合に限られる，という点である。会
社側からの一方的な給与債権との相殺は，労働基準法24条1項に定める給与の
全額払いの原則に反するため，認められない（第4章第1節3(1)(iii)参照）。

5　ストックオプションとしての新株予約権の登記を行う

　新株予約権であるストックオプションは登記事項とされているため，割当日
から2週間以内に登記の申請を行う必要がある。ストックオプションとしての
新株予約権を発行したときに登記すべき主な項目は以下の通りである（会社法
911条3項12号）。

> - ストックオプションの数
> - ストックオプションの目的である株式の種類および数またはその数の算定方法
> - ストックオプションの行使に際して出資される財産の価額またはその算定方法
> - 金銭以外の財産を当該新株予約権の行使に際してする出資の目的とするときは，その旨並びに当該財産の内容および価額
> - ストックオプションの行使期間
> - 上記以外に新株予約権の行使の条件を定めた場合はその条件

6　原簿を作成，保存する

　会社は，ストックオプションを発行した日以後遅滞なく，新株予約権原簿を
作成しなければならない（会社法249条）。新株予約権原簿には，新株予約権を
取得した者の氏名（組織の場合は名称）と住所，新株予約権証券の番号，新株
予約権証券についての内容と数量などを記載する必要がある。

　スタートアップにおいては，ストックオプション発行後の新株予約権原簿の
作成や，株主名簿の作成・更新を行っていないケースが散見される。これは，

将来エグジットの際の IPO 審査や M&A におけるデューデリジェンスの際に問題になる。単に新株予約権原簿などがない場合は事後的に作成すればいいとはいえるが，その他の手続にも漏れがあると，そもそものストックオプションや新株発行の有効性すら疑問になる場合があり，場合によってはエグジット自体ができなくなる場合もある。したがって，やはり新株予約権原簿や株主名簿の作成等の手続は，適法に履践しておく必要がある（なお，新株予約権原簿や株主名簿は，電磁的記録（エクセルデータ等）での作成でも問題ない）。

第4節　スタートアップがストックオプションを導入する場合の注意点等

1　ストックオプションの発行量における問題点

(1)　一度発行してしまうとやり直しがきかない

　これまで見てきた通り，ストックオプションはスタートアップが金銭の支出をすることなく従業員に対して強いインセンティブを提供できるため，資金力が十分でないスタートアップにとっても，毎月支払っている給与以上のパフォーマンスを期待できたり，優秀な従業員を獲得できたりする大変便利なものである。また，このような便利な点に加え，ストックオプションは有名な制度であり，かつ名称もスタイリッシュであることから，安易に発行したがる経営者が非常に多い。もっとも，ストックオプションは基本的には一度発行してしまえばやり直しが効かないため，発行する量やタイミングを誤ると，様々な弊害が生じるおそれがある。したがって，スタートアップがストックオプションを発行する際は，弁護士や税理士，コンサルタントなどの専門家への支援を受けるべきである。

(2)　上場後の既存株主の希薄化や株価形成との関係

　ストックオプションは付与時点では株式ではないが，上場後にストックオプションが行使されると，株式が付与され，ストックオプションを行使した従業

員は会社の株主となり，既存株主の議決権比率が低下することになる。このことから，ストックオプションは潜在的株式と言われている。したがって，上場前にストックオプションの発行を乱発すれば，これらのストックオプションが上場後に行使されることにより，既存株主の議決権割合が低下することになる（これを希薄化や希釈化という）。なぜ上場後の希薄化が問題になるかといえば，ストックオプションの行使による株式の取得が，既存株主の負担によるものであり投資家保護の点から問題になるため，かつ，上場後の株価に影響を与える可能性があるためである。この理由を簡単に説明する。

　ストックオプションの権利行使価格は，基本的に株式を株価（時価）より安く購入できるように設定されているが，ストックオプションの権利者が低い価額で株式を取得するということは，その分，既存株主が保有する株式の価値が下落することになる，と考えることができる。例えば，1,000円の株価が付いている株式を，100円の権利行使価格のストックオプションで株式を購入できれば，ストックオプションの行使者である新株主は900円安く株式を取得できる。もっとも，株式の価値である株価というのは，考え方として，「企業価値÷発行済株式数」で算定されるところ，1,000円の株価の株式が100円で発行されると，当該算式で算出される株価が減額されることになる。そうすると，既存株主が保有する株式について，価値の下落が起きるため，ストックオプションの行使による新株主の利益は，既存株主の損失により得られるものである，ということである。これを，既存株主から新株主に対する富の移転，などという。

　ストックオプションは会社の支出がないために，あたかも錬金術かのような使い方をされることがあるが，実質は既存株主の負担の下，既存株主からストックオプション行使者への富の移転が起こっているため，けっして錬金術ではない，ということである。

　また，上場後においてストックオプションを行使し安く株式を取得した従業員は，通常どこかのタイミングでその株式を売却する。株式市場というのは，需要と供給のバランスで適切な株価が形成されるが，ストックオプションの行

使により株式が大量に発行され，それが市場で一度に売却されれば，供給過多になり株価が大幅に下落する場合もある（余談だが，トレーダーがIPO株の株式売買によって利益を得ようとする場合，株価の暴落に備え，ベンチャーキャピタルのロックアップ期間と，ストックオプションの発行量や行使可能時期をチェックするのが望ましいとされている）。

　実際に，上場時に発行済株式数の10％を超えるようなストックオプションの発行がされている場合は，上場審査にて問題にされるケースがあるようである。また，スタートアップに投資するベンチャーキャピタル等の投資家にとってもこのような事態は望ましくないため，投資契約等で「発行できるストックオプションの数は発行済株式数の10％以内」などと規定されている場合も多い（これを「オプションプール」などという）。

(3)　資本政策との関係

　資本政策とは，事業計画等に基づき，将来どのようなタイミングで，株式発行により資金をいくら調達するかの計画をいう。

　原則として株式は外部投資家に対して一度発行してしまえば買い戻しができない。そのため，スタートアップが早い段階でベンチャーキャピタル等に大量の株式を発行し議決権を付与してしまえば，創業経営者は基本的に自己の議決権の低下を事後的に回復できず，自主性のある経営を行うことができなくなってしまう。このような事情から，資本政策は一度失敗するとやり直しが効かないと言われているのである。

　そして，一度発行してしまえば買い戻しができないのはストックオプションも同様である。この点，従業員に対するストックオプションは基本的には上場後に行使されるため，上場前の段階では既存株主の議決権比率には影響しないが，潜在的な株主として将来的に行使される可能性がある以上，上場前においても既存株主にとっては将来の希薄化に備えておく必要がある。このような意味で，ストックオプションの発行は資本政策上も十分に考慮しておく必要があるのである。

(4)　適切な発行量

　これらを総論すると，ストックオプションの発行量については，経営者に対するストックオプションを含めて，一般的に上場時に発行済株式数の10％以内に収まるようにすればよい，とされており，実際にその幅に抑えることが望ましいと考えられる。

2　ストックオプションの発行のタイミング

　では，ストックオプションはいつ頃から発行するべきか。

　ストックオプションの発行については，会社法上は特に制限はない。したがって，成立直後に発行することも可能である。もっとも前述のように，ストックオプションの発行は資本政策にも影響を与えるし，かつ，将来の既存株主の希薄化に繋がるため，設立直後に無計画に大量のストックオプションを発行するとベンチャーキャピタル等の投資家にとっては投資を敬遠する理由となり得る。また，設立初期はバリュエーションも低く算定できるため，権利行使価格を低めに設定してストックオプションを発行できる。このような段階で，例えば発行済株式数の20％を超えるようなストックオプションが発行されていれば，上場までの資金調達ラウンドにおいて投資家が参入に躊躇し，資本政策が達成されなくなる可能性もある（特に経営者等の取締役に対し，権利行使価格が低額であるストックオプションを大量に発行している場合は問題にされる可能性が高いと思われる）。したがって，この点は諸説あるものの，ストックオプションは創業からある程度時間が経過し，創業者以外の外部役員の採用や従業員を本格的に雇用する時点で発行を検討するべきであると思われる。具体的には，資本政策を作成し，シードステージの資金調達が完了し，ある程度外部投資家が入った段階で，外部投資家の承認を受けて適切な量を発行するのが望ましいのではないだろうか。

3　ベスティング

　ベスティングとは，ストックオプションの行使可能期間（例えば上場後）で

あっても，一度にすべて行使することを認めず，段階的な権利行使をしなくてはならない，とする条件である。前述の通り，会社と従業員との間のストックオプションの付与契約により定められることが多い。

　ベスティングは，優秀な人材を長期的に確保しておくために非常に有効である。これまで述べてきた通り，ストックオプションは従業員に対する強いインセンティブになるが，反面，従業員がストックオプションの行使により多額の利益を得てしまうと，これ以上その会社にいることのモチベーションを失ってしまい，従業員が一度に退職してしまうおそれがある。

　したがって，会社はこのような事態を防止するため，従業員との間でベスティング条項を合意し，上場しストックオプション行使可能になった後も，一度にすべて行使できず，数年かけて段階的に行使できるような設計にすることができる。

　ベスティング条項の例としては，上場後すぐにはすべてのストックオプションを行使できないことを定めるとともに，上場から1年ごとに行使できるストックオプションを25％ずつ増やしていく，などの条件の設定が考えられる。なお，ストックオプションの付与契約でベスティングは従業員ごとに異なる扱いができるため，優秀な人材が，長期的に会社に留まることに対してメリットを感じるような設定にするのが望ましい。

第 8 章

その他スタートアップが
注意すべき労働法務

第1節 ハラスメント

　スタートアップがその他に注意しなければならない雇用管理上の問題点として，ハラスメントの問題が考えられる。本章では，ハラスメントが発生した場合のスタートアップ（企業）側の不利益などハラスメント防止の必要性を述べ，そのうえでどのような場合がハラスメントに該当するのか，そして，スタートアップにおいてどのような防止策が考えられるのかを説明する。

1　ハラスメントの法的責任

(1)　加害者が負う責任

　ハラスメントを行った加害者本人は，被害者に対し，慰謝料，治療費，および逸失利益などを賠償する責任を負う。これは，ハラスメントが被害者の人格権（性的自由，名誉，プライバシー）や良好な環境で働く利益，さらには身体（の健康）や生命の侵害となり，民法709条の不法行為に該当することを根拠にする。

(2)　会社が負う責任

　雇用の分野における男女の均等な機会及び待遇の確保等に関する法律（以下「男女雇用機会均等法」という）等により，事業主に対し，セクシャル・ハラスメント（以下「セクハラ」という）または妊娠・出産・育児休業等に関するハラスメント防止に関する雇用管理上の必要な措置を講ずることが義務付けられている。加害者に上記(1)の不法行為責任が認められる場合，この防止指針を履行していないと判断されると，社内で発生したハラスメントについて民法715条で定める使用者責任に基づき，会社が損害を賠償する責任を負うことになる。また，雇用管理上の必要な措置を講ずる義務を怠ったことから，労働契約上の職場環境配慮義務に違反したとして，民法415条の債務不履行責任として損害を賠償する責任を負うケースもある。

　一方で，加害者本人に責任がないとしても，会社が責任を負う場合もある。例えば，会社がハラスメント行為を認識しているにもかかわらず，漫然と放置していたり，事後に適切な調査等を怠っていたりした場合，または会社自身が，従業員に対し不合理な配転などを行い，結果として退職させるなどして，その対応が使用者の裁量権を逸脱したと認められる場合には，会社自身が不法行為に基づいて損害を賠償する責任を負うこともある。

2　ハラスメントに該当するか

(1)　パワーハラスメントとは

(i)　パワーハラスメントの定義

　パワーハラスメント（以下「パワハラ」という）とは，「職場において行われる優越的な関係を背景とした言動であって，業務上必要かつ相当な範囲を超えたものにより，その雇用する労働者の就業環境が害される」ものをいう（労働施策の総合的な推進並びに労働者の雇用の安定及び職業生活の充実等に関する法律（以下「労働施策総合推進法」という）30条の２第１項参照）。

　ここでいう「職場」とは，事業主が雇用する労働者が業務を遂行する場所を指し，労働者が通常就業している場所以外の場所であっても，労働者が業務を遂行する場所であれば「職場」に含まれる。勤務時間外の飲み会での飲食店，社員寮や通勤中の電車などであっても「職場」に該当しうる。職場かどうかの判断については，その場所で行われる用件の職務との関連性，参加者，参加が強制的か任意かといったことを考慮して個別に判断される。例えば，出張先，業務で移動中の車中，取引先との打ち合わせや接待で利用した飲食店も「職場」に含むと考えられる。

　パワハラの被害者となる「労働者」とは，正規雇用労働者，パートタイム労働者，契約社員などいわゆる非正規雇用労働者を含む，事業主が雇用するすべての労働者をいう。また，派遣労働者については，派遣元事業主のみならず，労働者派遣の役務の提供を受ける者（派遣先事業主）も，自ら雇用する労働者と同様に，下記のハラスメントの措置を講じなければならない事業者となる。

　また，パワハラといえるためには「優越的な関係を背景とした」言動でなければならない。「優越的な関係を背景とした」言動とは，業務を遂行するにあたって，当該言動を受ける労働者が言動を発する者（以下「行為者」という）に対して抵抗や拒絶することができない蓋然性が高い関係を背景として行われるものを指す。例えば，職位上の地位が上位の者による言動が典型例であるが，同僚または部下による言動であっても当該行為者が業務上必要な知識や豊富な経験を有しており，当該行為者の協力を得なければ業務の円滑な遂行を行うことが困難であるものも含まれる。さらに，同僚または部下からの集団による行為で，これに抵抗または拒絶することが困難であるものもパワハラにあたる。

　加えて，パワハラに該当する「業務上必要かつ相当な範囲を超えた」言動とは，社会通念に照らし，当該言動が明らかに当該事業主の業務上必要性がない，またはその態様が相当でないものを指す。客観的にみて業務上必要かつ相当な範囲で行われる適正な業務指示や指導については，パワハラには該当しない。「業務上必要かつ相当な範囲を超えた」言動とは，例えば，業務上明らかに必要性のない言動，業務の目的を大きく逸脱した言動，業務を遂行するための手段として不適当な言動，当該行為の回数，行為者の数等，その態様や手段が社会通念に照らして許容される範囲を超える言動をいう。この判断に当たっては，様々な要素（当該言動の目的，当該言動を受けた労働者の問題行動の有無や内容・程度を含む当該言動が行われた経緯や状況，業種・業態，業務の内容・性質，当該言動の態様・頻度・継続性，労働者の属性（経験年数，年齢，障害の有無，国籍など）や心身の状況（精神的または身体的な状況や疾患の有無など），行為者との関係性等）を総合的に考慮しなければならない。また，個別の事案における，パワハラを受けたとされる労働者の行動の内容・程度とそれに対する指導の態様等の相対的な関係性が重要な要素となることについて留意しなければならない。労働者に問題行動があった場合であっても，人格を否定するような言動など業務上必要かつ相当な範囲を超えた言動が発せられれば，当然，職場におけるパワハラに当たることになる。

　「就業環境が害される」とは，当該言動により，労働者が身体的または精神

的苦痛を与えられ，就業環境が不快なものとなったために能力の発揮に重大な
悪影響が生じる等の当該労働者が就業するうえで看過できない程度の支障が生
じることを指す。この判断に当たっては，「平均的な労働者の感じ方」，すなわ
ち，「同様の状況で当該言動を受けた場合に，社会一般の労働者が，就業する
上で看過できない程度の支障が生じたと感じるような言動であるかどうか」を
基準とするのが適当である。なお，言動の頻度や継続性も考慮されるが，強い
身体的または精神的な苦痛を与える態様の言動の場合には，1回でも就業環境
を害すると認定されることがあり得る。心療内科などの通院履歴があれば，
「就業環境が害される」と言いやすいが，そのような証拠の有無にかかわらず，
パワハラに該当すると認められることがあるので注意が必要である。

(ii)　パワハラの行為類型

　パワハラの行為類型としては，①暴行・傷害（身体的な攻撃），②脅迫・名
誉棄損・侮辱・ひどい暴言（精神的な攻撃），③隔離・仲間外れ・無視（人間
関係からの切り離し），④職務上明らかに不要なことや遂行不可能なことの強
制，仕事の妨害（過大な要求），⑤業務上の合理性がなく，能力や経験とかけ
離れた程度の低い仕事を命じられることや仕事を与えないこと（過小な要求），
⑥私的なことに過度に立ち入ること（個の侵害）がある。

　①暴行・傷害（身体的な攻撃）とは，殴ったり，蹴ったり，従業員の体に危
害を加える行為や，相手に物を投げつけるような行為によって部下や同僚を威
嚇し，従わせようとするものである。部下が見ている前で机をたたくなどして
威嚇するような行為や相手の方向に物を投げつけたりすれば，パワハラに該当
する可能性がある。

　②脅迫・名誉棄損・侮辱・ひどい暴言（精神的な攻撃）とは，必要性がなく，
相手の人格を否定する言動をいう。例えば，「バカ」「死ね」「使えない」「新入
社員以下だ」などといった言動は，たとえ言動を発した方が相手を叱咤激励す
るために使った言動であっても，パワハラに該当する可能性がある。特に他の
同僚が見ている前である場合には，侮辱的な意味合いが強くなることがあるた

め，パワハラと評価されるおそれがある。また，「お前の子供がかわいそうだ」など家族のことを示していても，相手本人への侮辱ともとらえられるものであるため，パワハラに該当する可能性がある。

③隔離・仲間外れ・無視（人間関係からの切り離し）とは，仕事に関して上司と口論をした相手を他の同僚から無視されるようにしたり，若しくはそのように仕向けたりする，または個室で一人作業することを強要したりするなどの場合である。原因が明らかでなくても，特定の人物を対象に上司と他の同僚がともに集団でちょっかいをかけるなどの行為も，パワハラの問題になり得る。

④職務上明らかに不要なことや遂行不可能なことの強制，仕事の妨害（過大な要求）は，例えば，まだ十分な教育がなされていない新入社員に対して，到底遂行できない量の業務を課したり，到底遂行できない業務目標を設定したりすることを指す。この例として，心身の不調から復帰したばかりの従業員に対し，達成が容易ではない営業目標を設定することは心理的な負担を与えるものであるとしてパワハラとして認定した裁判例がある（名古屋地判平成29年12月5日判時2371号121頁）。

⑤業務上の合理性がなく，能力や経験とかけ離れた程度の低い仕事を命じられることや仕事を与えないこと（過小な要求）とは，例えば，管理職であるにもかかわらず，新入社員など誰でもできるような業務を命じる場合のことをいう。

⑥私的なことに過度に立ち入ること（個の侵害）とは，職場の管理職に伝えた個人情報を無断で同僚にも暴露すること，従業員を職場外でも継続的に監視したりすること，個人の私物を写真で撮影したりすること，または，上司との面談等で話した性的指向・性自認や病歴，不妊治療等の機微な個人情報について，本人の了解を得ずに，他の従業員に暴露することなどである。プライバシー保護の観点から，事業主としても，業務上知り得た機微な個人情報を勝手に暴露することがないよう，従業員に周知・啓発する等の措置を講じることが必要である。

【図表 8 − 1 】　パワハラの行為類型

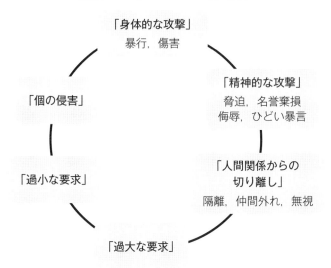

　パワハラの場面でよく問題になるのが，業務上必要な指導との区別であるが
①〜③については業務上必要な指導とはいえない。しかし④〜⑥については，
業種や企業文化があるため，業務上必要な指導といえるかどうかについては，
当該行為が行われた背景や継続性などを考慮する必要がある。
　裁判例において業務上必要な指導かどうかが問題になった事例として，製造
業の工場に勤務していた従業員に後片付けの不備があったり，伝言で年休申請
したことに対し，上司が反省文の提出や後片付けの再現等をさせた事例がある
（東京地八王子支判平成 2 年 2 月 1 日労判558号68頁）。この判決では，上司には所
属の従業員を指導し監督する権限があり，注意し，叱責したことは指導監督す
る上で必要な範囲内の行為としたうえで，本件の場合は，反省文の作成や後片
付けの再現等を求めた行為は，指導監督権の行使としては裁量の範囲を逸脱し
違法性を帯びるに至るとして，会社と当該上司に対し不法行為（民法709条）に
基づき，連帯して15万円の損害の賠償をするよう判示された。このような事例
をみると，業務上必要な指導か否かの判断は難しいものであるが，指導対象と

なる行為と指導内容とのバランスを欠く行為については，違法となる可能性があることを配慮すべきである。

(iii) パワハラの証拠

パワハラの認定においては，パワハラの行為そのものを示す客観的な証拠と同時に，パワハラに至る指導教育の経緯を示す証拠も重要になる。そのため，会社としては，パワハラの問題が起きたときに後から経緯を説明できるように，業務に関するメールや業務記録などを証拠として残しておくことが重要である。したがって後から偽造したなどと言われないように日々の業務に関しては電子メールやチャットで指示を出すようにすることが望ましい。また，客観的な証拠とはいえない業務日誌などであっても，勤務していた日すべての記録を記載していたなど後から偽造することは難しいと認めるものといえる場合には，証拠として一定の価値があるとされることがある。

(2) セクシャル・ハラスメント

(i) セクシャル・ハラスメントとは

セクハラとは，「職場」において行われる「労働者」の意に反する「性的な言動」により，労働者が労働条件について不利益を受けたり，就業環境が害されたりすることをいう。

「職場」とは，労働者が通常働いている場所はもちろんのこと，出張先や実質的に職務の延長と考えられるような飲み会が開かれる飲食店なども，パワハラの場合と同様，職場に該当すると考えられる。

セクハラの被害者となる「労働者」とは正社員だけではなく，契約社員，パートタイム労働者など，契約期間や労働時間にかかわらず，事業主が雇用するすべての労働者を指し，派遣労働者については，派遣元事業主のみならず派遣先事業主も，自ら雇用する労働者と同様に取り扱う必要があることもパワハラの場合と同様である。

「意に反する」かどうか，つまり被害者の同意があるかないかという点は，

セクハラに至るまでの経緯や人間関係を慎重に判断しなければならない。例えば，普段から私的なメールなどのやりとりがあり，セクハラと疑われる行為があった後にそのやりとりに変化がなかったとしても，被害者が仕事を続けたいがゆえに加害者に迎合する必要があるような場合や，加害者に逆らうことができない上下関係のある場合には，そのやりとりがあったからといってセクハラに該当しないとはいえない。裁判例では，被害者が嫌がる様子を見せていなかったとしても，加害者が人事を掌握する立場にあること，職場が加害者と被害者合わせて3人の職場であり，明確に拒否すれば人間関係を悪化させ執務に支障がでること，被害者に会社からの借入があり退職すれば即座に返済義務が生じたなどの事情があったことから，被害者に同意があったとはいえないと判示したものがある（東京地判平成27年5月27日 Westlaw Japan）。また，加害者が大学教授，被害者が同じ大学の準教授であった事案では，被害者が飲酒の誘いに応じたこと，隣り合わせの飲酒の席でセクハラと疑われる行為を受けても直ちにその席を立って帰宅などしなかったこと，飲酒の席で最後まで同席したこと，同一のルートを通って帰宅し，別れ際に握手を求めたり，謝礼のメールを送信したことなどの事情があったことが問題となった裁判例がある。この裁判例では，加害者が学部の教授の地位にあることから，被害者は加害者には大学内での強い発言力があると感じ，これを拒否すると自己の本件学部内での立場に不利益が生じないとも限らないと考え，加害者との関係を考慮し，加害者の機嫌を損ねることを避け，自己に不利益等が生じないようにしたいと思って行動したのであって，拒否的な態度や不快感を明確に示さなかったからといって，セクハラではなかったとはいえないとしている（大阪高判平成24年2月28日労判1048号63頁）。

「性的な言動」とは性的な内容の発言や性的な行動のことをいう。例えば，性的な事実関係を尋ねること，性的な内容の情報（うわさ）を流すこと，性的な冗談やからかい，食事やデートへの執拗な誘い，個人的な性的体験談を話すことなどが該当する。また，性的な行動の例としては，性的な関係を強要すること，必要なく身体に触れること，わいせつ図画を配布・掲示すること，刑事

罰に相当する強制わいせつ行為，強姦などが該当する。

　事業主，上司，同僚に限らず，取引先，顧客，患者，学校における生徒など
もセクハラの行為者になり得る。また，男性も女性も，行為者にも被害者にも
なり得る。また，勘違いされていることもあるが，異性に対するものだけでな
く，同性に対する性的な言動もセクハラになり得る。セクハラは被害者の性的
指向（好きになる性）や性自認（心の性）には関係がなく，固定的な性別役割
分担意識に基づいた言動も含むものである。

(ii)　セクハラの証拠

　セクハラと疑われる行為があったことは，密室で行われることが多く，加害
者と被害者だけしか知らないことが多い。そのため，セクハラ自体を示す客観
的な証拠や目撃証言などが存在しない場合が多い。そのため，裁判においては
加害者と被害者の証言のどちらの信用性が高いかで判断することがある。証言
の信用性は，具体的であるか，そして一貫性があるかで判断されるため，セク
ハラと疑われるようなことがあった場合には，自身のスケジュールやメモを残
しておき，それに関する事情を後から詳しく話すことができるようにしておく
ことが必要である。

(3)　職場の妊娠・出産・育児休業等ハラスメント

　職場の妊娠・出産・育児休業等ハラスメントとは，「職場」において行われ
る上司・同僚からの言動（妊娠・出産したことや介護休業等の利用に関する言
動）により，妊娠・出産した「女性労働者」や，育児休業・介護休業等を申
出・取得した「男性労働者」または女性労働者の就業環境が害されることをい
う。これは，マタニティハラスメント（マタハラ），パタニティハラスメント
（パタハラ），およびケアハラスメント（ケアハラ）と言われることがあるが，
本書では以下総じて「マタハラ」という。

　「職場」や「労働者」の意味については前述のパワハラやセクハラと同様に
考えられている。

　妊娠・出産・育児休業等の制度利用を理由として，事業主が行う解雇，減給，降格，不利益な配置転換，契約を更新しない（契約社員の場合）といった不利益取扱いは「ハラスメント」としてではなく，男女雇用機会均等法における「不利益取扱い」としてそもそも禁止されている。

　男女雇用機会均等法9条3項では「妊娠，出産，産前休業の請求，産前産後休業の取得その他妊娠又は出産に関する事由であって厚生労働省令で定めるものを理由として，解雇その他不利益な取扱いをしてはならない」と定めている。ここでいう「厚生労働省令で定めるもの」とは，「妊娠したこと」「出産したこと」などを指し，例えば，妊娠したことを伝えたら契約が更新されなかった場合や育児休業を取得したら降格させられた場合は，同項に違反することになる。

　この「妊娠，出産，産前休業の請求，産前産後休業の取得その他妊娠又は出産に関する事由であって厚生労働省令で定めるものを「理由として」」不利益な取扱いがなされたか否かは，原則として妊娠・出産・育児休業等の事由を「契機として」いるか否かで判断される。「契機として」いるか否かは，基本的に妊娠・出産・育児休業等の事由と時間的に近接しているかで判断するとされている。具体的には，原則として，妊娠・出産・育児休業等の事由の終了から1年以内に不利益取扱がなされた場合は「契機として」いると判断される。ただし，事由の終了から1年を超えている場合であっても，実施時期が事前に決まっている，またはある程度定期的になされている措置（人事異動（不利益な配置変更等），人事考課（不利益な評価や降格等），雇止め（契約更新がされない）など）については，事由の終了後の最初のタイミングでのこれらの措置やそれまでの間に不利益取扱いがなされた場合は「契機として」いると判断するとされている[1]。

　一方で，制度等の利用を希望する労働者に対して，業務上の必要性により変更の依頼や相談をすることは，強要しない場合に限りマタハラに該当しない。例えば，妊婦である労働者本人はこれまで通り勤務を続けたいという意欲があ

---

[1]　厚生労働省「妊娠・出産・育児休業等を契機とする不利益取扱いに係るQ&A」（平成27年3月30日）

る場合であっても，客観的に見て当該労働者の体調が悪い場合に，業務量の削減や業務内容の変更等を労働者本人に打診することは，業務上の必要性に基づく言動といえ，マタハラには該当しない。マタハラに該当するかどうかは，業務上必要であり，かつ労働者の意思に配慮しない一方的なものかどうかで判断されるべきと考えられている。

　マタハラには，出産・育児・介護に関連する社内制度の利用に際し，当事者が利用をあきらめざるを得ないような言動で制度利用を阻害する行為（制度等の利用への嫌がらせ型）と出産・育児などにより就労状況が変化したことなどに対し，嫌がらせをする行為（状態への嫌がらせ型）がある。前者の例としては，産休の取得について上司に相談したところ「他の人を雇うので早めに辞めてもらうしかない」と言われた，男性社員が育児休業の取得について上司に相談したところ「男のくせに育児休業をとるなんてあり得ない」と言われ取得をあきらめざるを得なかった，妊婦健診のために休暇を取得したいと上司に相談したら「病院は休みの日に行くものだ」と相手にしてもらえなかった，男性社員が介護休業の取得について上司に相談したところ「男のくせに介護休業をとるなんてあり得ない。他の家族で対応できないのか」と言われ取得をあきらめざるを得なかった，などがある。後者の例としては，上司に妊娠を報告したところ「次回の契約更新はないと思え」と言われた，上司から「妊婦はいつ休むか分からないから，仕事は任せられない」と言われ雑用ばかりさせられた，同僚から「こんな忙しい時期に妊娠するなんて信じられない」と繰り返し言われた，などがある。

3　ハラスメントへの対策
(1)　対策の義務化
　令和2年6月1日からハラスメント防止のための雇用管理上の義務が事業主の法律上の義務となり，中小企業の事業主についても，令和4年4月1日から同様に法的な義務となった。雇用管理上の義務を満たしている場合には，事業主が前述の損害賠償を負うリスクを下げることになるため，積極的に取り組む

ことが望まれる。なお，中小企業の事業主かどうかは，中小企業基本法によると【図表8－2】の①か②のいずれかを満たす事業の事業主である場合をいう。

【図表8－2】　中小企業の類型

業種	①資本金の額または出資の総額	②常時使用する従業員の数
小売業	5,000万円以下	50人以下
サービス業（サービス業，医療・福祉等）	5,000万円以下	100人以下
卸売業	1億円以下	100人以下
その他の業種（製造業，建設業，運輸業等上記以外全て）	3億円以下	300人以下

　ハラスメントのない職場環境を実現することは，従業員の仕事への意欲や心の健康を保ち，優秀な人材の休職や退職の防止につながることになる。また，特定の労働者が直接の被害者とならない場合であっても，周囲の同僚に対するハラスメントを見聞きすることで，仕事への意欲が低下し，職場全体の生産性に悪影響が発生する。そのため，スタートアップにおいても企業の規模にかかわらず，ハラスメントの防止措置は重要である。

(2)　具体的な対策
　企業や事業所によって，ハラスメントが発生する背景は様々であり，その対策に決まった内容はない。ここでは，厚生労働省の告示にある一般的にとるべき措置を説明し，そのうえでスタートアップにおいて対応すべき対策を説明する。

(i)　パワハラへの対策
　事業主がパワハラ防止のためにとるべき対策については，「事業主が職場に

おける優越的な関係を背景とした言動に起因する問題に関して雇用管理上講ず
べき措置等についての指針」（令和 2 年 1 月15日厚生労働省告示第 5 号）に定まっ
ている。

　1 点目としては，事業主が職場におけるパワハラに関する方針を明確に定め，
従業員に対しその方針の周知・啓発をすることである。周知・啓発をするに当
たっては，発生の原因や背景，例えば労働者同士のコミュニケーションの希薄
化などについて議論し，その原因解消がパワハラの防止につながるということ
を会社全体で理解することが重要である。例としては，就業規則や服務規程な
どの社内規則に「職場におけるパワーハラスメントを行ってはならない旨」の
方針を明記すること，社内報，パンフレット，社内ホームページ等に同様の指
針や一般的な発生原因や背景を記載して配布，閲覧してもらうこと，パワハラ
の具体例を示しながら，従業員に対し研修，講習等を実施すること，パワハラ
に該当する言動を行った者に対する懲戒処分等について，就業規則や服務規程
などの社内規則に記載し，その内容についても管理監督者を含む全従業員に周
知・啓発することが挙げられる。

　2 点目としては，従業員からの相談体制を整備することである。具体的には，
相談担当者や相談窓口（外部委託もありうる）を設けることが考えられる。そ
の際には，パワハラに該当するか否か微妙な場合であっても，広く相談しても
らえるように周知することが重要である。パワハラに該当しない場合であって
も，パワハラと疑われる行為を放置したことで就業環境が害され，従業員同士
のコミュニケーションが希薄化した結果，パワハラが実際に起こることもあり
うるからである。また，相談体制と人事部門との連携，相談窓口の対応マニュ
アルの作成，相談担当者に対して，相談の聞き取りや調査方法について研修す
ることも合わせて行うことが考えられる。

　3 点目として，パワハラに係る相談に対して迅速かつ正確な確認と適正な対
処が必要である。相談が来た時に，相談担当者と人事部門が連携して，相談者
と行為者双方から事実関係を確認しなければならない。その際に，相談者の心
身の状況や当該言動が行われた際の心情に適切に配慮することが必要である。

事実関係の確認は，パワハラに該当する可能性があると考える行為を５Ｗ１Ｈで具体的に特定できるように聞き取ることが必要である。そして，相談者が相談していることが事前に行為者本人やその周辺に伝わると，証言の隠滅を図られたり，相談者が職場で働きにくくなったりする可能性がある。そのため，聞き取りは行為者に親しい人や行為者は後回しにして，最初に相談者本人やその周辺の人物，中立的な人物（新入社員など），最後に行為者（場合によってはその周辺の人物）という順番で行うべきである。聞き取りの際には録音やメールなどの客観的な証拠がないか確認することも有用である。パワハラの存在を認定するには，複数人から聞き取った内容に矛盾がないか，または客観的な証拠と矛盾しないかで判断すべきであるため，相談者本人に聞き取った内容と相談者の周囲の人物，中立的な人物の聞き取りを行うなかで，パワハラと認定できる行為を５Ｗ１Ｈで特定し，最後に行為者に聞き取りを行い，特定された行為を行ったかどうか確認するのが基本的な手法である。行為者が会社で相当上位の地位にある人物であった場合には，聞き取りをしてから処分をするまでに時間がかかると，圧力により事実確認をした人物らの証言が変わり，処分をすることが困難になる可能性がある。そのため，行為者の聞き取りの前に事実関係を整理したうえで，弁護士にパワハラがあったと認定できる旨の意見書の作成をしてもらってから行為者とコンタクトをとることも一つの方法である。行為者がパワハラを否定した場合には，その段階で外部の弁護士に相談して調査をしてもらったり，個別労働関係紛争の解決に関する紛争調整委員会の調停の申出をしたりするなど，その段階で第三者を介入させたほうがよい場合もある。行為者の聞き取りの際に抵抗にあうことが想定される場合には，行為者の聞き取り自体に外部の弁護士を同席させることも考えられる。

　調査の結果，パワハラの存在が確認できた場合には，まずは速やかに行為者に調査結果を提示し，被害者と行為者との関係改善，被害者と行為者を引き離すための配置転換，行為者の謝罪，被害者の労働条件等の不利益の改善，管理監督者や産業保健スタッフによるメンタルヘルス不調への相談対応等の措置を講ずることが考えられる。また，紛争調整委員会による解決案が出された場合

にはそれに従った措置を講ずることが考えられる。さらに，行為者に対して，就業規則や服務規程に従った懲戒その他の処分を行うことが考えられる。パワハラを行う人物は，誰に対してもパワハラを行うことがあるので，厳しい指導をもって臨まなければならないことが多い。このような処分を行ったうえで，改めてパワハラに関する広報，啓発のための資料配布や研修，講習を行い再発防止に努めることが重要である。

　従業員の相談体制においては，相談者や行為者のプライバシー保護を徹底すること，そしてプライバシー保護の徹底がなされていることを従業員に周知し相談に来ることを促す必要がある。相談者や行為者のプライバシーの中には，病歴や性的指向などの機微な個人情報も含まれるので，細心の注意を払う必要があり，関係記録の保管にも相談担当者しか見られないようにパスワードなどシステム上管理するか，保管場所に鍵をかけるなどの対策が必要である。また，相談をしたこと自体によって事業主から解雇などの不利益な処分を受けないことを合わせて周知することも，相談に来ることを促すために重要である。相談体制について社内規則に規定する際には「相談をしたことをもって不利益な取扱いをしない」旨定めることも検討すべきである。

　セクハラやマタハラについても，個別に事業主が講ずべき措置等に関する厚生労働省の指針が定まっているが，各ハラスメントについては複合的に生じることも想定されることから，相談窓口の一元的な体制をとることが望ましいとされている。もっとも，セクハラやマタハラについては女性が相談者になることが多いことから，女性の相談担当者を置くなどすることも必要な対応であると考えられる。

　以上の措置については，社内の従業員だけではなく，個人事業主，インターンシップを行う者，就職活動中の学生などの求職者に対しても行うべきである。また，行為者も，社内の従業員に限られず，顧客，取引先なども含めて検討するべきであり，著しい迷惑行為（暴行，脅迫，ひどい暴言，著しく不当な要求等）により，従業員の就業環境が害されないように取引先に明示する対応も行うべきである。

【図表8－3】　パワハラの対策

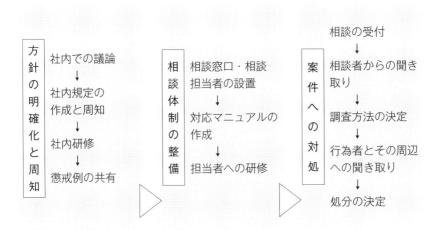

(ii)　セクハラへの対策

　セクハラへの対策については，男女雇用機会均等法11条1項において「事業主は，職場において行われる性的な言動に対するその雇用する労働者の対応により当該労働者がその労働条件につき不利益を受け，又は当該性的な言動により当該労働者の就業環境が害されることのないよう，当該労働者からの相談に応じ，適切に対応するために必要な体制の整備その他の雇用管理上必要な措置を講じなければならない。」と定められ，同4項において「厚生労働大臣は，前3項の規定に基づき事業主が講ずべき措置等に関して，その適切かつ有効な実施を図るために必要な指針を定めるものとする。」と定められている。この「事業主が講ずべき措置」について以下説明する。

　まず，1点目として，事業主の方針の明確化およびその周知・啓発である。職場におけるセクハラの定義，およびセクハラがあってはならない旨の方針を明確化し，管理監督者を含む労働者に周知・啓発する。そして，セクハラの行為者については，厳正に対処する旨の方針・対処の内容についても合わせて就業規則等の文書に規定し，管理監督者を含む労働者に周知・啓発することが求められる。

　2点目に，相談（苦情を含む）に応じ，適切に対応するために必要な体制を整備することが必要である。相談窓口をあらかじめ定め，相談窓口担当者が，内容や状況に応じ適切に対応できるようにマニュアルを作成すべきである。そして，事前防止のためセクハラが現実に生じている場合だけでなく，発生のおそれがある場合や，セクハラに該当するか否か微妙な場合であっても，広く相談に対応できるように，そのような場合であっても相談対象になることを明示しなければならないのはパワハラの場合と同じである。

　3点目として，セクハラがあることが発見されたら，迅速かつ適切な対応をすることが求められる。そのため，事実関係を迅速かつ正確に確認し，事実確認ができた場合には，速やかに相談者に対する配慮の措置を適正に行う必要がある。事実確認ができた場合には，就業規則や服務規程に従い，行為者に対する措置を適正に行うべきであるが，会社は事実確認ができたかできなかったかにかかわらず，再発防止に向けた措置を講ずる必要がある。このような事実確認のプロセスもパワハラと同様である。

　セクハラの場合には，相談者が好奇の目にさらされることがあり，行為者以外の従業員との関係においても仕事がしづらくなる可能性があるため，相談者や行為者のプライバシー保護についてはパワハラと同様に注意を払う必要がある。セクハラの場合には，密室で行われ，なおかつ性的なプライバシーの問題であり，相談しにくい状況があるので，女性従業員が対応するなどの対策を積極的に周知することでセクハラを発見対応できるようにすることが重要である。また，相談したことや事実関係の確認に協力したこと等を理由として不利益な取扱いを行ってはならない旨も社内規則を定め，そのことを従業員に周知・啓発することも必要である。

(iii)　マタハラへの対策

　マタハラについて事業主が雇用管理上講ずべき措置として，1点目としては，事業主の方針の明確化およびその周知・啓発である。具体的には，マタハラの内容，マタハラの発生原因や背景になり得ること，ハラスメントがあってはな

らない旨の方針の明記，そして妊娠・出産・育児休業等に関する制度の利用ができることを明確にすることが必要である。また，ハラスメントを行った者に対して厳正に対処する旨の方針や具体的な対応を就業規則等の文書に規定し，管理監督者等を含み従業員に周知・啓発しなければならないことは別のハラスメントと同様である。

　次に，相談窓口を設けて相談に適切に対応できる体制が必要で，ハラスメントが現実に発生している場合だけではなく，その発生のおそれがある場合や，ハラスメントに該当するか否か微妙な場合であっても相談に対応することが大切であり，それを従業員に知らせることが重要であることはパワハラやセクハラと特に変わるものはない。

　マタハラに関する特徴的な措置としては，ハラスメントの原因や背景となる要因を解消するための措置を講じる必要がある点である。具体的には，業務体制の整備など，事業主が妊娠・出産・育児休業等をした従業員の状況に応じた必要な措置を行う必要がある。これにより，妊娠・出産・育児休業等をした労働者の側において，これらに関する制度を利用することができる知識を持ち，周囲と円滑なコミュニケーションを図りながら自身の体調等に応じて適切に業務を遂行していくという意識を持つことを周知・啓発することができる。

⒤　スタートアップで可能な対応

　スタートアップにおいては，各ハラスメント対応窓口をもつための従業員が十分におらず，第三者としてハラスメントに中立的な立場で対応する体制を作ることは難しい。しかしながら「中小企業」であっても法的な義務としてハラスメントの対策をしなければならない現状を踏まえると，体制作りが必要である。また，前述の通り，スタートアップであっても，従業員を雇用することによってハラスメントが発生した場合に民事的な責任を負うなどのトラブルに巻き込まれ，企業としての信用を失う可能性があるため，ハラスメントの防止のために可能な限りの対応をする必要がある。

　まず，考えられる措置としては，ハラスメント指針の明確化などであるが，

就業規則や服務規程などを作成していれば，その中に盛り込むことは可能であろう。また，合わせてハラスメントが懲戒事由に該当すること，そして懲戒事由ごとに懲戒処分の内容を明記することによって，ハラスメント自体を未然に防ぐことにつながる。

　次に，各種の相談窓口の対応についてであるが，「相談窓口」として確立した制度やシステムを作成することまでは必ずしも要求されるものではないと考える。民事賠償の根拠となり得る適切な就業環境が提供できているとするためには，形骸化されていない相談対応のルートが社内にあることが一つの反論材料になる。そのため，少なくとも相談担当者が誰であるか明確にし，社内に周知しておくことで足りる。スタートアップの場合には，数人または数十人の組織であることが多いと思われるが，少人数の規模であればなおさら，経営者側と従業員との密なコミュニケーションがあり，組織としての透明性が何よりもハラスメントを抑止する効果につながると考えられる。また，実際にハラスメントが発生した場合の対応について，個別にマニュアルを作成するなどして，対応方法を画一化しておくことが望ましい。

　また，スタートアップの場合には，少人数であることから，ハラスメントを行った人物の処分により人間関係を悪化させ，最終的に雇用関係の終了，解雇，退職勧奨という結果に至る場合もある。そして，このような結果に至った当該従業員が自社の従業員としての地位を争うために，スタートアップとの間で労働紛争に発展するおそれもある。そのため，ハラスメントへの対応の経緯において不合理な点がないように考慮しなければならない。そこで，ハラスメントが発覚した段階で，問題となる従業員の対応について外部の弁護士に相談をしておくことも一つの方法である。状況に合わせた従業員との面談方法や記録の残し方，周辺の従業員の聞き取りなど事前に対応すべき策に関しアドバイスを受け準備しておくほうがよい。労働紛争に巻き込まれるとその対応に時間をとられて事業を進めるほうにコストを避けなくなるだけでなく，事業主側に落ち度がなかったとしても解決金名目で相手に支払いが生じるなど金銭的な支出を余儀なくされることがある。このようなコストを考えると，事前に弁護士に対

応方法を相談することも合理的な判断であるといえる。

第2節　メンタルヘルス不調者への対処

1　メンタルヘルス不調者の問題点

　「メンタルヘルス不調」とは，精神および行動の障害に分類される精神障害や自殺のみならず，ストレスや強い悩み，不安など，労働者の心身の健康，社会生活および生活の質に影響を与える可能性のある精神的および行動上の問題を幅広く含むものをいう（厚生労働省「労働者の心の健康の保持増進のための指針」，平成18年3月策定，平成27年11月30日改正）。第1節で述べたいずれかのハラスメントが原因になっているものもあれば，原因が不明なものもある。

　メンタルヘルス不調者の症状が悪化し，心療内科の診療代や慰謝料が発生した場合に，その原因が事業主にあったとして，安全配慮義務違反により，事業主が損害を賠償する責任を負うことがある。労働契約法5条は，「使用者は，労働契約に伴い，労働者がその生命，身体等の安全を確保しつつ労働することができるよう，必要な配慮をするものとする。」と規定しており，同条は事業主は従業員に対し，安全配慮義務を負っていることの根拠となる。例えば，うつ病になった従業員が自殺した場合に，会社に損害賠償義務を負うことがある。長時間残業，深夜勤務，休日出勤などの過重労働が続いた結果，うつ病になり，自宅で自殺した，電通事件（最判平成12年3月24日民集54巻3号1155頁）においては，電通側が地裁段階の認容額に遅延損害金を合わせた1億6,800万円を支払う旨の和解が成立している。このような高額な賠償義務が発生することがあるため，メンタルヘルス不調者の対応は慎重に行う必要がある。

2　メンタルヘルスケアの対策

　それでは，安全配慮義務違反とならないためのメンタルヘルスケアとして，事業者はどのような対応をしなければならないか。

労働安全衛生法69条1項では「事業者は，労働者に対する健康教育及び健康相談その他労働者の健康の保持増進を図るため必要な措置を継続的かつ計画的に講ずるよう努めなければならない。」と定めており，ここでいう「措置」の適切かつ有効な実施を図るための指針として，厚生労働省は，前述の「労働者の心の健康の保持増進のための指針」を定めている。

　当該指針では，事業者は，心の健康計画を策定したうえ，労働者によるセルフケア，管理監督者によるラインケア（職場における従業員のケア），産業医や衛生管理者等によるケア，または事業場外の機関や専門家によるケアによって，①従業員への教育研修・情報提供，②職場環境等の把握と改善（メンタルヘルス不調の未然防止），③メンタルヘルス不調への気付きと対応，④職場復帰における支援を実施することが重要であると述べている。なお，以上の措置においては，健康情報を含む労働者の個人情報の保護に配慮しなければならないことも定められている。

　スタートアップのような比較的小規模な事業者におけるメンタルヘルスの取組みの留意事項についても規定されており，事業者がメンタルヘルスケア実施の表明をし，セルフケア，ラインによるケアを中心として，実施可能なところから着実に取組みを進めることが望ましいとされている。セルフケアとしては，ストレスチェックなどを活用し，自身のストレスへの気付きが必要であり，それによって，相談窓口や医療機関に行こうか，まず自身で確認する必要があるとされている。なお，従業員が50人以上いる事業所では，労働安全衛生法の改正により，平成27年12月から毎年1回ストレスチェックを従業員に対して実施することが義務付けられており，ストレスチェックは厚生労働省の推奨している調査票と選定方法をもとに実施される。ただし，医師，保健師，（検査を行うために必要な知識についての研修であって厚生労働大臣が定めるものを修了した）歯科医師，看護師，精神保健福祉士または公認心理師が実施者として，結果を判定することが必要になる。

　スタートアップであっても「管理監督者」については，「ラインによるケア」が必要である。管理監督者とは「監督若しくは管理の地位にある者」（労働基

【図表8－4】　心の健康のための仕組み

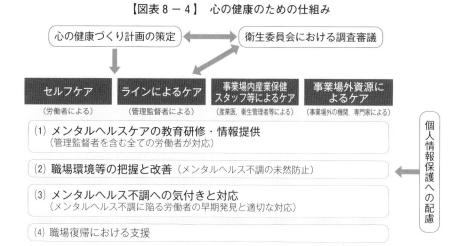

事業場におけるメンタルヘルス体制例

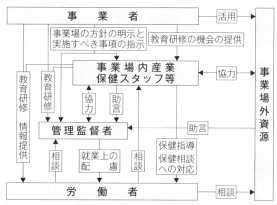

出所：厚生労働省　独立行政法人労働者健康安全機構「職場における心の健康づくり～労働者の心の健康の保持増進のための指針（2017年3月発行）」

準法41条2号）のことであるが，「経営者と一体的な立場で仕事をするために，経営者から管理監督，指揮命令にかかる一定の権限を委ねられていること，出社，退社や勤務時間について厳格な制限を受けていないこと，地位，給料その他の待遇において一般社員と比較して相応の待遇がなされていること」といっ

た基準で判断される[2]。ラインによるケアとは，職場における従業員のケアを指し，管理監督者は部下の様子を注意してみて，いつもと違う様子であったら，対応を検討することが考えられる。遅刻や欠勤が急に多くなれば，うつ症状があらわれている可能性がある。また，管理監督者としては，従業員から自発的な相談がくるような環境や雰囲気を作ることも重要である。日頃の業務においても，長時間労働等により過労状態になっていないか，強度の心理的負荷を伴う業務を担当していた場合の声掛けなどを心がける必要がある。

　いつもと様子が違う部下を把握したときの対応としては，事業場にいる産業医のところに相談に行くことを勧めることがまず考えられる。または，管理監督者自身が産業医のところに対応について相談に行くという仕組みを事業主として整備することも考えられる。管理監督者自身で本人の話を聞く際は，ハラスメントなど別の問題に発展しないように，メンタルヘルス不調者が所属する部署の他のスタッフや人事担当者に同席してもらうか，事前に産業医も含め対応を検討したうえで本人の話を聞くようにするなど，いずれにしてもなるべく複数人で対応したほうがよい。相談の方法として，相手の話を聞くことは大切であるが，例えば，心療内科に通院歴がある場合には，その診断書を産業医に提出してもらうなど客観的な資料の提出を求めることも重要である。

　従業員の話に傾聴することは大切であるが，もし病状が重い場合には，他のスタッフに気を遣わせることにもなるので，なるべく早期に休職を勧めることも重要である。そして，職場復帰の段階では特に復職者の緊張を和らげるために業務の内容や量に気を遣うなどのサポートが必要である。

　リモート勤務の場合には，相談しにくく，長時間業務になることも多いため，メンタルヘルス不調者がいる場合には1日1回のミーティングなどを行い，1日の業務内容を確認し，労働時間が長くならないように配慮することも必要である。

　スタートアップとしては，事業場内で必要な産業保健スタッフを確保できないこともあるが，安全衛生の担当者に対し事業場内のメンタルヘルスに関して

2　岡芹健夫『労働法実務　使用者側の実践知』（有斐閣，2019年）83頁

も担当してもらうか，従業員が50人未満であれば地域窓口での無料の産業保健
サービスを活用することが考えられる。地域窓口としては，地域産業保健セン
ター，健康保険組合，地域保健機関，労災病院などがある。このような窓口と
契約している医師によって，健康管理の相談，健康診断結果からの意見聴取，
または高ストレス者に対する面接などを行ってもらうことができる。安全衛生
の担当者がいない場合であっても，人数が少なく，全員が顔見知りであれば，
人事労務担当者における声掛けを行うなどが考えられる。日頃から声掛けを行
うことで，従業員も何かあったら相談してみようという気持ちになる。この人
事担当者はなるべく人事権のない従業員に担当させることが望ましい。そして，
声掛けで聞いた内容を上司や経営層に伝えるべきかどうか，相談者に聞くこと
も重要である。内容次第では，相談者が伝えることを望まない場合であっても，
伝えたほうが良い内容もある。

3　メンタルヘルス不調者の対応

　メンタルヘルスケア等を通じて把握した従業員の情報は，その従業員の健康
化確保に必要な範囲で利用されるべきものであり，事業主がその従業員に対し
てその情報を根拠に不利益な取扱いをしてはならないとメンタルヘルス指針で
定められている。ここでいう，不利益な取扱いとは，解雇，有期雇用者の契約
不更新，退職勧奨，不当な動機・目的をもってなされたと判断されるような配
置転換または職位（役職）の変更，その他の労働契約法等の労働関係法令に違
反する措置を講じることを指す。

　メンタルヘルス不調により正常な労務提供ができない従業員に対しては，ま
ずは配置転換や業務軽減措置を行うことが通常であるが，本人や医師の意見を
聞いて行わないと不利益な取扱いとなり，民法上の不法行為に基づく損害賠償
義務を事業主が負うこともあるので注意が必要である。

　就業規則において私傷病休職制度が定められている場合には休職を与えるこ
とも一つの手段である。そして，従業員には休職期間中は療養に専念させ，事
業主としては，休職期間中は復職のため治療状況を詳しく確認するようにする。

そのうえで，従業員から復職の申し出があった場合には，会社は復職可能か判断し，休職期間の満了時に復職が不可能である場合には，退職または解雇といった手段を検討するのが通常である。復職が不可能であるかどうかは，従業員の健康状態が従前の業務遂行に耐えられるかどうかという観点から判断される[3]。重要なのは，就業規則など会社の規定において，休職事由や業務遂行不能になれば退職・解雇になることを定めておき，休職や復職段階ごとに主治医の診断書など必要書類の提出を義務付けることで客観的な根拠をもって会社として適切な対応をとれるようにしておくことである。

<table>
<tr><td>第3節</td><td>## 従業員に対するSNS（ソーシャルネットワークサービス）の使用規制</td></tr>
</table>

労務管理の一環として，最近は従業員のSNSの使用を規制することが多い。会社としても，自社の従業員がSNS上で会社の事業に関する機密情報や顧客の個人情報を投稿したり，会社の誹謗中傷をしたりすることで，会社の優位性や信用を失ってしまうことがある。また，SNSの情報は一度投稿した場合に，ネット上に残存し続けることになる場合があり，会社に対する不利益は極めて大きい。そのため，会社にとってはSNSの使用を規制する必要があり，その必要性はスタートアップであっても変わらない。ここでは，労務管理の一環として，SNSの使用をどのように規制するのかを説明する。

1　規制の視点

従業員が，業務時間中に，会社から支給されるパソコンやスマートフォンを使ってSNSに投稿する場合には，企業の施設管理権という視点から，SNSの使用自体を禁止することが可能であると考えられる。

しかし，規制すべき投稿は，業務時間外に従業員が所有するスマートフォン

3　倉重公太朗編集代表『企業労働法実務入門〔改訂版〕』（日本リーダーズ協会，2019年）340頁

やパソコンを用いてなされることも多い。このような投稿を規制するための法的な根拠としては，会社の社会的評価に重大な悪影響を与える従業員の私生活上の行為について会社の規制を及ぼしうることは当然認められるとした裁判例がある（東京地判平成14年11月15日労判844号38頁）。

2　規制の具体例

(1)　会社の規定を作成すること

　まず考えられる対策としては，社内規則として SNS ポリシーを作成し，禁止される SNS の投稿を明確に規定して，その内容を会社内で周知させることである。そして，その禁止行為に違反した場合の懲戒処分の内容と運用基準を事前に明確にしておくことで，同ポリシーの実効性を確保することである。

　SNS ポリシーでは，まず，規制される SNS の定義や情報発信の時間帯など規制対象となる行為の範囲，規制対象となる人的範囲（正社員のみならず契約社員やパート社員など広くする），匿名の投稿であっても投稿内容に注意すること，などを明記する。そのうえで，会社の機密情報の漏えいとなる投稿はしない，会社の誹謗中傷，批判は行わない，特定の個人・団体への誹謗中傷や，人種差別的表現，わいせつ表現など社会通念に反するような投稿を行わない，プライバシー侵害を行わない，自社または競合他社の製品の評価，誹謗中傷だと誤解を与える表現を行わない，といった留意事項を具体的に規定することが重要である。そして，留意事項に違反した場合には懲戒処分を実施する場合があることを規定する必要がある。

　服務規程には「常に品位を保ち，会社の内外を問わず，会社の名誉や信用を棄損する行為をしてはならない」などの規定があり，この規定を根拠に規制対象となる SNS の投稿を行った従業員を処分することはありうる。もっとも，「SNS ポリシーに従って，機密情報は投稿してはならない」といった規定を服務規程に明記して処分の根拠を明確にすることも重要である。

(2) 懲戒処分

　実際に SNS の投稿によりいわゆる「炎上」が発生した場合には，投稿した従業員に対し懲戒処分を行うことが考えられる。

　どのような懲戒処分においても，まずは実態調査を行うべきであり，問題となった SNS の投稿自体をコピーや写真にとるなどして証拠を確保する必要がある。そして，損害の大きさを確認するためにリツイートの数やシェアされている数も合わせて証拠として確保する必要がある。これらにより事実関係を具体的に示すことができると，投稿した従業員からの聴取も行いやすくする。

　就業規則上の懲戒事由に該当したうえで懲戒処分を行うかどうかは，労働契約法15条の「当該懲戒に係る労働者の行為の性質及び態様その他の事情に照らして，客観的に合理的な理由を欠き，社会通念上相当である」といえなければならない。ポイントとしては，会社の事前の対策内容と，SNS の投稿によって会社に生じた不利益の大きさによって，処分の内容が判断されるという点である。

　会社において従業員に対し十分な教育を行っているにもかかわらず，従業員が問題となる SNS の投稿を行ったのであれば，それに対して重い処分を行うことも合理的であるといえる。また，投稿した内容が主観的な感想である場合よりも，競合他社との関係で優位性をもった機密情報や顧客情報を漏えいした場合には，会社に及ぼす不利益は大きいし，個人情報の管理不足により会社が被る信用棄損の程度は大きいと言わざるを得ない。したがって，このような場合には，降格などの重い処分も可能であると考えられる。一方で，会社が十分な教育を行わないままに行われた投稿については，厳重注意のみにとどめたりするほうが妥当である。

　事後処理として，投稿内容に会社の機密情報や個人情報が含まれる場合には，投稿を削除する必要がある。ただし，業務時間外のプライベートな時間における投稿まで削除することは，特別に就業規則など従業員と会社との規程において定めなければ困難である。そのため，場合によっては，会社からサイト管理者に対して投稿の削除請求をすることも検討が必要な場合がある。

第 4 節　従業員のライフ・ワーク・バランスに向けた取組み

1　必要性

　厚生労働省が定めた「仕事と生活の調和推進のための行動指針」では，「仕事と生活の調和が実現した社会」に必要とされる条件として，就労による経済的な自立性を確保すること，長時間労働などを防ぐための労働時間関係法令が遵守されること，子育て中の親や高齢者などが柔軟に働けることを挙げている。このような取組みとして，企業はどのようなことを行うことが考えられるか，以下説明する。

2　企業における取組み

　まず，経営トップが，職場の風土として柔軟な働き方の実現に取り組む姿勢をとることを明らかにし，労使で仕事と生活の調和の実現に向けた目標を定めて，これに計画的に取り組み，点検する仕組みを作る必要がある。そして，業務の進め方・内容の見直しや個人の能力評価による時間当たりの生産性の向上についても対応することが必要である。そうすることで，従業員も職場の一員として自らの働き方を見直し，時間制約の中でメリハリのある働き方をすることにつながる。

　そして，就業の実態に応じて，労使の均衡を考慮しつつ，労働契約を締結し，または変更すべきものとすることも必要になる。場合によっては，従業員の自己啓発や能力開発への取組みを支援し，より効率的な労働を可能にすることも必要である。

　また，長時間労働にならないよう，時間外労働に関する基準を含め，労働時間関連法令の遵守を徹底することも重要である。そもそも未払残業代請求は，労働期間によって多額になり，裁判においても認められやすい傾向にあるため，時間外労働は極力発生しないように努めるべきであり，それがライフ・ワーク・バランスの実現にもつながる。時間外労働を防ぐためには，そもそも時間

外労働をせざるを得ない仕事を振らないようにしなければならない。

　長時間労働を減らすには，業務調整や人員調整をすることだけでなく，経営者として長時間労働を防ぐ方針を明確に打ち出し，職場全体で優先順位を明確にすること，そして，部門間の連携を強化して業務の重複などの無駄を極力減らしていく取組みを行うことが手段として考えられる。スタートアップであれば比較的小規模であることが多いと思われるので，横の連携を強化し，組織全体で徹底して無駄な業務を減らすことが今後会社を成長させていくうえでも重要であると考える。

　多様な働き方の実現としては，育児・介護休業，短時間勤務，短時間正社員制度，テレワーク，在宅就業など個人の置かれた状況に応じた柔軟な働き方を支える制度の整備とそれらの制度を実際に利用しやすくなるような職場風土づくりを進めることが一つである。ほかにも男性の子育てへの関わりを支援・促進するため，男性の育児休業を取得しやすくするための環境整備や，女性や高齢者等が再就職や継続就業できる機会を提供すること，就業形態に関わらず，従業員に対し公正な処遇や積極的な能力開発を行うことも必要である。

3　実際の取組み

　以下では，東京都が「東京ライフ・ワーク・バランス認定企業」として選定された企業の中で，50人以下の従業員が働く企業における，長時間労働を削減する取組みを紹介する。

(1)　業務マニュアルの作成

　業務の重複や手戻りを回避するために，業務を標準化する業務マニュアルを作成して長時間労働の削減に取り組むことが考えられる。マニュアルの作成には，内容を仕事の順番通りにまとめ，そして，なるべく内容をコンパクトにし，年に1回読み合わせをするなどして更新することが重要である。また，マニュアル上で会議や打合せのルールを明記しておくことも考えられる。会社によっては，前日18時までに議題を送ること，会議は30分以内，会議で決まったタス

クを必ず1時間以内に共有報告するなどの取組みがみられる。

⑵　ノー残業デーの採用

　ノー残業デーを採用することで，自己啓発や地域活動を行ったり，家族や友人との時間を過ごすことが可能になり，プライベートの充実を図られることが考えられる。仕事以外での人間関係を構築することはメンタルヘルスのためにもよいと考えられる。週1回程度のノー残業デーを実施し，それを取引先に周知することで，制度自体を実現可能なものにするといった方法も考えられる。従業員一人ひとりに週の初めにノー残業デーを設定する，という取組みをしている会社もある。

　また，そもそも残業をなくすために，自身の業務が終われば，30分繰り上げて退社できるルールを作るなどして残業を極力なくす方法もある。

　残業を減らすことは会社全体で取り組まなければならないという意識が大切であり，もし業務量に偏りがある場合には，同僚同士助け合うという雰囲気作りが必要である。

⑶　資格取得の取組み

　勤務時間内に従業員のキャリアのための勉強会を実施している企業もある。資格取得により，日々の業務に関連する知識を体系的に整理することで日々の業務を効率化できるという取組みである。日々の業務に関する資格を取得したり，企業が扱う業種が成長分野とされるもの（医療・介護，情報通信業，建設業の一部，製造業の一部など）や海外関連の業務に関連する講座を受講するなどの場合には，「キャリア形成促進助成金」が支給される可能性がある。都道府県労働局において取り扱われている。

⑷　キャリア形成の明確化

　会社で「CADS & CADI」（https://www.javada.or.jp/cads-cadi/cads-ver30.html）と呼ばれる職業能力や自己理解を深めるツールを利用して，将来のキャ

リアプランやライフプランを作成し，そのプランを実現するための支援を企業が行うという取組みがみられる。これにより，社員の日々のモチベーションを維持し，業務の効率化などにも積極的につながる効果がある取組みであると考えられる。

(5) 休暇取得

　法定年次有給休暇とは別の年次休暇を設けている企業が多い（リフレッシュ休暇）。また，無給ではあるが，5年勤務で半年，10年勤務で1年の長期休暇を認める会社もある。有給休暇の申請を促進するために，給与明細などに有給休暇の残日数を通知するなどの工夫もみられる。

4　ライフ・ワーク・バランスの効果

　ライフ・ワーク・バランスを意識して，会社経営を進めることは，職務満足度や労働意欲の高い職場づくりにつながる。また，従業員の生産性をより向上させるだけではなく，長時間労働によるメンタルヘルス不調者が出ることを防ぎ，離職者を減らすことにつながる。さらに，業務時間に余裕が出てくるということは，従業員一人ひとりが他の従業員に配慮する余裕が生まれハラスメントの対策になる。このように，ライフ・ワーク・バランスを意識して，会社経営を進めることは，様々な労務管理上の問題点を解決することのできるものであるため，スタートアップにおいても積極的に取り組むべきである。

第 9 章

エグジット時の従業員の扱い

第1節 エグジット時の労務に関する問題

　スタートアップがエグジットを目指さない中小企業や上場企業と異なる点として，スタートアップでは，株主である創業経営者がIPOをすることや，M&Aにより株式を売却することを目指して経営を行っている点がある。これらをエグジット（EXIT）という。エグジットとは「出口」という意味であるが，つまりは創業経営者がこれまでの投資や労力を回収する出口，ということである。スタートアップの創業経営者は得てして多忙であるが，これは最終的にIPOやM&Aをすることにより，そのときの時価で保有する自社株式を売却し，これまでの成果として，多額の報酬を手に入れるためにこのような激務に耐えているともいえる（もちろん，自社のプロダクトを世に広めることで社会にイノベーションを起こしたい，という強い気持ちも必要である）。

　このようにスタートアップでは，まずは経営者株主がエグジットすることを目標にして会社経営することが多く，エグジットの前後においては，スタートアップに所属する従業員にも様々な影響が生じる。

　M&Aと異なりIPOの場合は会社が消滅することはなく，自社の株式が証券取引所に上場されるだけであり，会社は今後も上場企業として存続するため，従業員の地位の変更や喪失は基本的に生じない。もっとも，従業員の個人の裁量で仕事ができたスタートアップも，上場後はパブリックカンパニーになるのだから，厳格な社内ルールに従う必要が出てくる。例えば，上場前は各従業員が個人の裁量で行っていた取引も，社内ルールの決裁の金額基準等に従い，しかるべき上長の承認をもって初めて決済可能になる（このようなルールを内部統制という）。

　M&Aの場合は様々な種類があるが，合併等の会社の消滅を伴うM&Aであれば，スタートアップの従業員の意思とは関係なく，当該従業員は別の会社の従業員になってしまったりするので，従業員の地位の変更と喪失について問題になることが多い。

　このように，スタートアップの創業経営者がエグジットのために経営を行っ
ている以上，エグジットを目指さない中小企業や上場企業と異なり，従業員も
様々な面で影響を受ける可能性があるのである。もちろん従業員にとっても悪
いことばかりではなく，上場後は福利厚生が充実したり，何よりストックオプ
ションが行使できたり，という大きなメリットがある。

　以下では，スタートアップのエグジットに関して生じる主な労務問題を，ス
タートアップが IPO を行った場合と，M&A を行った場合に分けて説明する。

第 2 節　IPO 時における労務問題

1　上場準備への対応

　前述のように，上場前は各従業員の裁量と個性で仕事ができたスタートアッ
プでも，上場後はこれまで以上に厳格な社内・社外ルールに従う必要が生じる
ため，従業員の意識や働き方が大きく変化する場合も多い。その第 1 段階が上
場に向けた準備期間である。ここでは，スタートアップの従業員が上場前後で
体験する会社の変化や，スタートアップの従業員が実際に行うべき業務等につ
いて述べる。

　上場準備は，上場を目指す期のおおよそ 2 期前から本格的に開始することが
多い（例えば，令和 7 年 3 月期に上場を目指すのなら，令和 5 年 3 月期開始の
前後（令和 4 年の 4 月くらい）から本格的に準備が始まる）。

　上場準備は，単に審査基準をクリアするための法的整備にとどまらない意味
を持つ。すなわち，上場審査を経て上場が承認されると，上場企業として，そ
れまでよりも，より厳格な経営体制，管理体制，会計処理が求められるように
なる。そして，上場によりスタートアップがパブリックカンパニーに変化する
ことで，時には業績を上げること以上に，会社の管理体制の適切性や，会計処
理の適切性が重視される場合もある。したがって，これまでは単に会社の売上
を上げればよかったのが，会社の内部管理の方が重視されるような場合が生じ

るということを，従業員が認識する必要が出てくる。特に管理職の意識改革は，上場企業として足りる会社の内部管理体制を維持するために重要となる。上場前のベンチャースピリットを持ったまま，証券取引所に上場し，管理職の社員が上場企業としての適切な会計処理や遵法意識を身に付けておらず，後に大きな会計処理の問題やコンプライアンスの問題が発覚し，上場廃止の危機にさらされる企業は少なくない。

　そして，従業員の上場に向けた意識改革の後，またはそれと並行して，上場審査に向けた準備を始めていくことになる。上場審査に向けた準備は，監査法人等によるショートレビューを受け，上場に向けた課題を抽出することから始まる。そして，監査法人や主幹事証券会社の協力を得て，抽出した課題に対する対応を行っていき，上場審査基準をクリアする見込みが得られれば，いよいよ上場申請エントリーの準備が始まる。上場申請エントリーには，監査法人による直前2期の財務諸表監査をした監査証明が必要となる。そして，上場申請エントリーをしてから上場するまで，証券取引所の調査等の手続があり，上場申請エントリーをしてから上場承認がされるまでには少なくとも約2カ月半の期間を要するのが一般的である。

　上場後は，内部統制報告書の提出が必要とされる。内部統制報告制度では，財務報告に関連する内部統制の整備状況および運用状況を経営者自らが評価し，金融庁に対し，有価証券報告書ともに内部統制報告書の提出を行う必要がある。このような内部統制の整備状況および運用状況は，評価するプロセス自体を構築しておかなければその評価ができないため，上場前から事前に準備をしておく必要がある。

　なお，上場企業は内部統制報告書の監査証明を受ける必要があるが，上場日以後3年を経過する日までの間は免除される。もっとも，上場日の属する事業年度の直前事業年度に係る連結貸借対照表もしくは貸借対照表に資本金として計上した額が100億円以上，または当該連結貸借対照表もしくは貸借対照表の負債の部に計上した額の合計額が1,000億円以上の会社は，当該免除を受けることができない（金融商品取引法193条の2第2項4号）。

　いずれにせよ，上場直後の事業年度について，内部統制報告書自体の提出は必要になるため，上場申請の準備の段階で内部統制の構築，整備，運用水準の向上が必要となる。そして，この内部統制の構築等およびその評価には，会社の営業部門と管理部門が一丸となって行う必要があるため，これまでスタートアップにおいて個人の大きい裁量で比較的自由に働いてきた従業員にとっては，なかなか大変なものとなる。特に前述のように，従業員が取引を行うための決裁基準を設定することや，内部承認プロセスを事後的に検証できるようにすべて証跡に残す必要があることは，スピード感ある会社経営を主眼としてきたスタートアップにおいては，大きなハードルになる場合が多い。

　上場に向けたスケジュールのイメージは，【図表9－1】と【図表9－2】の通りである。

【図表9－1】　上場に向けたスケジュール

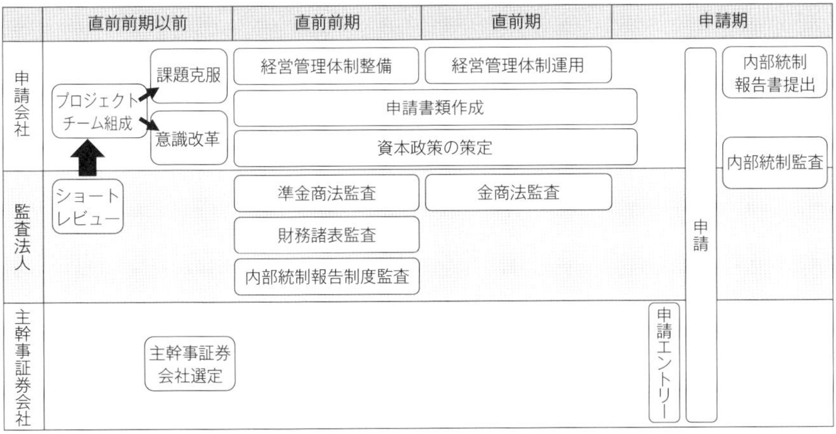

【図表9－2】　上場手続の流れ（東京証券取引所）

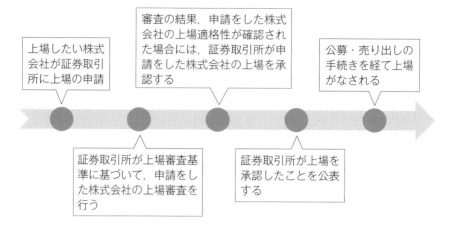

上場したい株式
会社が証券取引
所に上場の申請

審査の結果，申請をした株式
会社の上場適格性が確認され
た場合には，証券取引所が申
請をした株式会社の上場を承
認する

公募・売り出しの
手続きを経て上場
がなされる

証券取引所が上場審査基
準に基づいて，申請をし
た株式会社の上場審査を
行う

証券取引所が上場を
承認したことを公表
する

2　上場における労務管理体制の審査

　上場審査においては，コンプライアンス状況が重点審査項目となっているが，当然その中には労働基準法の遵守状況も含まれている。未上場のスタートアップの場合は，労務管理体制に多少不備があったり，労働基準法に違反しているような状況であっても，従業員との紛争がなければ基本的に問題が顕在化しないため，正直なんとかなってきた，という部分もあるだろう。

　しかし，上場企業においては人事労務体制について厳格なコンプライアンスが求められるところ，近年の上場企業における長時間労働問題や名ばかり管理職，サービス残業の常態化における未払賃金の問題などは，上場審査では厳格に調査される。

　審査対象については，基本的にこの本書に記載されている労務問題のすべてがチェックされる，といってもいいが，特に具体的にチェックを受ける項目は以下の通りである。

・従業員との雇用契約等は適切に締結されているか，内容に違法はないか。
・就業規則等の労務関連の規定は適切に作成されているか，労働基準監督署に届

出が必要な規定や協定は届出を経ているか。
- 労働時間や残業時間は適切に把握できているか，残業代を適切に支払っているか，サービス残業は存在しないか。
- 事業所ごとに安全衛生は保たれているか，法律が要求する水準や手続を満たしているか。
- 社会保険や労働保険は適切に加入しているか（特にアルバイト）。
- 従業員との間に紛争はないか，労働基準監督署からの指導・勧告等は受けていないか。

3　内部統制の整備の必要性

　内部統制とは，会社の業務の適正を確保するための体制（ルール）をいう。前述の通り，上場会社はパブリックカンパニーとなり，会社の株式は証券取引所において原則として自由に売買される。そして，投資家がその会社の株式を購入するかどうかの判断について大きく重視するものは，会社の決算報告に伴う有価証券報告書や，それに含まれる財務諸表，および会社のルールが上場会社として適切に整備・運用されているかを評価する内部統制報告書である。この点，上場会社は毎期の決算において，財務諸表がわが国において一般的に公正妥当と認められた企業会計の基準に準拠して作成されているかについて，公認会計士の監査を受ける必要がある（要は，財務諸表の金額が概ね正しいといえるか，について監査を受ける必要がある）。そして，財務諸表が適切に作成されるためには各部門から業績数値を正しく集計する必要があるところ，そのためには，会社の従業員が，会社内のルールや，関連する法令に従い，適切に業務を行う必要がある。例えば，営業部門に勤める従業員は，上場前は自己の裁量で経費を使ったり，経費申請のタイミングがルーズであったりしたかもしれない。しかし，上場企業の財務諸表では，毎期に発生した費用については適切な額が適切な期間に計上される必要があり，かつ，会社のルール（内部統制）に従わない従業員の立て替えを会社経費として認めることはできないため，このような従業員の裁量が許されない。また，管理部門，例えば総務部門の従業員も，社内の備品を買う際には，これまでは何となく自分が気に入った物品

を購入していたような場合があるかもしれない。しかし上場企業になると，会社のお金は外部投資家（ないしは将来の株主）のお金でもあるため，物品1つ購入するのでも，社内ルールに従って相見積を取り，金額に応じてしかるべき上長の承認を取る必要が出てくるのである。

　また，そもそも上場会社になるための公認会計士の上場前監査や証券会社や証券取引所の審査においても，各部門から集計される数値が適切であるか，およびこのようなルール（内部統制）が正しく整備され，かつ運用されているか等についての監査・審査がある。

　したがって，上場準備において，従業員は，これまで以上に社内ルールを厳守する必要が出てくるのである。

4　規程の整備

　上記のように，これまで社内ルールが画一されておらず，個々の従業員の仕事の裁量で運営されてきたスタートアップにとっては，上場準備において多数のルール（規程）を作り，かつそれに実際に従って仕事を行う必要が出てくる。【図表9－3】は筆者がスタートアップの上場準備に関与した際に，そのスタートアップが新たに作成することを必要とされた規程である。その量を見ていただけると，これだけでもスタートアップが上場準備を行うのは大変だ，ということがわかる。そしてさらに大変なことに，上場後の従業員は作成されたこれらすべてのルールに原則として従って仕事をする必要がある（厳密には上場準備期間から遵守の必要がある）。

5　管理部の負担

　スタートアップが上場準備期のために非常に多く時間・労力を割く必要があるのは前述の通りだが，特に管理部門の負担がこれまでと比べかなり増加することになる。例えば，上記の規程の作成は総務部や人事部の仕事であることが多いが，これまで暗黙のルールで業務が行われてきたスタートアップにおいて，画一されたルールを定めることは，相当に大変である。管理部門が営業に関す

【図表 9 － 3】　上場時に整備が必要な規程類の例

No	カテゴリー	規程名
1	人事・労務	一般社員就業規則
2		給与規程
3		育児・介護休業等に関する規程
4		契約社員就業規則
5		国内出張旅費規程
6		自転車通勤規程
7		社宅管理規程
8		安全衛生規程
9		防火管理規程
10		出向規程
11		ハラスメント防止規程
12		人事評価規程
13		内部通報者制度に関する規程
14		従業員代表選出内規
15		特定個人情報・雇用管理情報管理規程
16	コンプライアンス	反社会的勢力対処規程
17		内部監査規程
18	組織	定款
19		企業倫理規程
20		組織規程
21		職務分掌規程
22		職務権限規程
23		役員報酬規程
24		稟議規程
25		規程管理規程
26		取締役会規程
27		監査役会規程
28		経営会議規程

る規程を作るために，営業部門の担当者に長時間のヒアリングをする必要が出
てくるのであるが，筆者の経験として，営業部門の理解と協力が不十分であり，
管理部が相当苦労する事例を多数見てきた。特に営業部門としては，面倒くさ
いルールに従うよりも，とにかく早く多額の売上を上げることが会社のために
なる，という考え方が強い場合があるため，管理部門が営業部門に対し，ルー
ルの設定の必要性を説くのに苦労する場面が散見される。

　また，経理部，財務部は，上場に向けた経理体制の構築，上場のための目論
見書や有価証券届出書の作成のために相当の労力と時間を費やすことになる。
その他の管理部も，監査法人，証券会社，証券取引所のヒアリング対応に追わ
れることになる。

　したがって，上場準備は，管理部にとってはまさに正念場ともいえるのだが，
反面，これまでスタートアップではどちらかといえば地味であった管理部に急
にスポットライトがあたるため，やりがいを持って取り組めれば多大な経験が
得られると思われる。特に管理部の業務や上場準備業務というのは，概ねどの
会社においても共通して使用できるスキルや知識が得られるため，管理部門の
プロフェッショナルとして職業人生を送るためには，とてもよい経験を積める
と思われる。これも筆者の経験であるが，数社の管理部門で上場準備を経験し
た従業員が，その後スタートアップのCFO[1]として転職し，大量のストック
オプションを得て億万長者になった例もある（CFOは上場準備のメインプレ
イヤーであるため，会社からストックオプションをたくさんもらえる場合が多
い）。

6　新たな部署の新設等

　上場準備期から上場後にかけては，スタートアップがこれまで行う必要がな
かった仕事も増えてくる。例えば，会社のルールが適切に運用されているかど
うかをチェックするため，内部管理室の設立が求められる。また，社内のコン
プライアンス体制を整備するため，内部通報窓口の整備も必要となる。

1　Chief Financial Officer の略。最高財務責任者の意。

　他には，外部投資家などに向けた情報発信のための部署として，新たにIR
やPRの部署を設立するケースも多い。

　加えて，上場企業は四半期ごとに四半期報告書（うち年に1度は有価証券報
告書）や決算短信を作成・公表する必要があるため，経理，総務等の管理部の
人数は上場前と比較して大幅に増加することになる。

7　上場後における従業員のメリット

　もちろん，上場することは従業員にも多数のメリットがある。例えば，上場
後にはストックオプションが行使可能になるため，従業員はボーナスとして多
額の株式売却益を受け取れる場合がある。ストックオプションの付与されてい
る量や入社時期にもよるが，取締役ではない従業員でも，100万円から1,000万
円程（従業員の関与度合によっては億を超える場合もある）の株式売却益を得
られることも珍しくはない。

　また，上場企業は厳格なコンプライアンスが求められるため，サービス残業
が完全に撤廃されたり，残業すること自体に制限がかかりライフ・ワーク・バ
ランスの向上に繋がるケースもある。

　さらに，上場企業となることで多様な人材を確保する一環として，社内の福
利厚生が充実したり，給与水準が上昇したりする場合もある。

　その他，自分の勤める会社が有名になれば，人生の様々な場面で色々なメ
リットを受けることができると思われる（例えば住宅ローンの審査が通りやす
くなるなど）。

第3節　M&Aにおける労務問題

　IPOと異なり，経営者の株式譲渡や組織再編等のM&Aの場合には，従業
員はデューデリジェンスへの対応をする必要があるが，IPOの場合のような負
担や業務が生じることは少ない。もっとも，M&Aの場合は，会社の社長や株

主（会社の持ち主）が変わったり，会社自体が消滅する場合もあるため，従業員の地位や環境に重大な変更や喪失がある場合がある。

　以下，①会社が消滅しない場合，②会社が消滅する場合，③会社は消滅しないが，所属する部署（事業）が譲渡される場合，に分けて従業員の地位や環境にどのような変更等があるかを見ていく。

1　会社が消滅しないM&Aの場合

⑴　従業員の地位への影響

　会社が消滅しないM&Aの場合，基本的に従業員の地位に変更はない。会社が消滅しない場合のM&Aの例としては，経営者の株式譲渡（バイアウト）がその典型である。この場合は会社の株主が変わるだけであり，基本的には会社の中身そのもの自体には変更がないため，従業員の地位に変更はない。会社が雇用契約を締結しているのは法人という会社そのものであるところ，会社の株主（オーナー）が変わっても，会社自体が消滅したりするわけではないことから，従業員と会社との間の雇用契約の内容が変更されることはないためである。

　もっとも，経営者の株式譲渡におけるM&Aにおいては，以下の点で問題が生じる場合がある。

⑵　雇用契約の見直し

　上述の通り，従業員が雇用契約を締結しているのは会社であるため，会社の株主が変更され，その後，会社の社長等の経営者が変更されても，従業員の地位に変更はなく，雇用契約の内容も自動的に変更されることはない。

　そして，契約というのは締結後において内容を修正するには，原則として契約当事者の合意が必要であるから，M&A後にも新たな経営者の一存で雇用契約の内容を一方的に変更されることはない。

　もっとも，新しい経営者の下で経営方針が変更され，その影響として，M&A後に労働条件が変更されてしまうことがある。例えば，日本の雇用契約

では，契約の内容の基本部分については雇用契約で定めつつ，労働時間や残業代等の実際の労働条件の大部分については，就業規則で定められることが多い。そして就業規則の変更は，従業員の不利益になるような変更の場合は，原則として従業員の同意が必要とされつつ（労働契約法9条），その諸事情に照らして合理的なものである場合は，従業員の同意がなくとも変更することができる，とされている（同法10条）。そのため，M&Aによって経営者が変更された場合，新たな経営者が就業規則を従業員にとって不利益な内容に変更したとしても，その変更が合理的なものといえれば，従業員は変更後の就業規則の労働条件に従う必要があるのである。もちろん，従業員としては就業規則変更の合理性について争うことはできるが（合理性の判断については第2章参照），時間もコストも発生するし，実際として会社と争いつつ，その会社に所属して仕事をし続けるのは相当のストレスが発生する。

　また，雇用契約自体の内容も，会社側からの強い要望があれば事実上変更せざるを得ない場合もあるだろうし，従業員の雇用契約が有期雇用契約であれば更新されない可能性も出てくる。さらに，労働条件が変更されないとしても，会社の経営方針が変更されることにより従業員の働き方が大きく変わる場合もある。実際に，前の経営者の経営方針では，ある程度の自由と裁量により働いてきたスタートアップの従業員が，M&A等により経営者株主が変わり，急に仕事の仕方が窮屈になってしまい，会社に見切りをつけて自主退職するケースもある（特にスタートアップが大企業の完全子会社になったような場合が多い）。つまり，新たな経営者の意向によって，従業員の労働条件や働き方などが大きく変化する，ということが生じてしまう。

　このような事態を防止するための手段の一つとして，スタートアップの株式の売主である創業経営者と，企業等の買手との間で，M&Aの際の株式譲渡契約書において，「従業員との雇用と待遇については3年間維持する」などの条項が定められることもある。もっとも，当該条項は努力規定であることも多く法的拘束力が発生しない場合もあるし，経営者が合理的な経営判断としてリストラ等を行う場合には除外される条項とされる場合もあるため，やはり限界が

あるといえる。

　もちろん，スタートアップのM&Aが従業員にとってメリットがある場合もある。例えば，M&Aの株式の買主企業としては，そのスタートアップの事業に魅力を感じて株式（会社）を購入しているところ，そのスタートアップの事業をさらにスケールさせるため，従業員の雇用を維持することを前提にしている場合もある。また，スタートアップが上場企業である大企業の子会社になったことで，その親会社である上場企業の従業員と同水準の待遇となるように労働条件が向上したようなケースもある。加えて，事業のキーマンとなるような従業員や，収益性の高い部署の専門職従業員（研究者等）については，かなりの好待遇で迎えられる場合もあるようである。

　以上のように，従業員にとっては，自身が所属するスタートアップのM&Aが悪い面ばかりではなく，それを上回るメリットがある場合もある。

(3)　ストックオプションの扱い

　スタートアップが従業員に対して付与するストックオプションにおいては，株式譲渡を伴うM&Aの場合に，あらかじめ会社が従業員からストックオプションを取得できる条件とされていることが多い。スタートアップのM&Aにおいては，株式の買主である企業等はスタートアップを完全子会社化（100％子会社化）するためにM&Aに応じる場合がほとんどだが，このような場合にスタートアップに発行済のストックオプションが残っていると，将来的に行使されてしまう可能性があり，完全子会社化を達成できない。そこで，ストックオプションの付与条件として，創業経営者がエグジットとしてM&Aを選択し，自己の保有する自社株式を第三者に売却する場合には，従業員のストックオプションが強制的に無償取得あるいは抹消されてしまうような設計になっていることが多い。なお，そうすると従業員としてはインセンティブが消滅してしまうことから，M&A後に会社を辞めてしまうことも考えられるため，創業経営者から株式を買い取った会社（完全親会社）において，スタートアップの従業員に対して，完全親会社のストックオプションを発行してくれるケース

や，ストックオプションを買い取ってくれるケースもある。

　いずれにせよ，ストックオプションの扱いは，ストックオプションの設計次第であったり，あるいはスタートアップの経営者と買主企業との間の契約次第であったりする。この点は基本的には従業員にはコントロールできないし，入社するスタートアップがM&Aのエグジットを選択する可能性があるかどうかは一概にわからないため，ストックオプションの点ではM&Aの際に従業員が不利益を受けてしまう場合も多いといえる。

2　会社が消滅するM&Aの場合

(1)　従業員の地位の変更

　会社が消滅するM&Aの場合としては，合併がその典型である。合併とは，2つ以上の会社が1つの会社に合同することをいい，存続する会社（存続会社という）と消滅する会社（吸収されるほうの会社をいい，消滅会社という）に区分される。スタートアップが合併する場合には，概ね消滅会社になるケースが多いと思われる。

　合併においては，消滅会社の権利義務の全てがそのまま存続会社に承継される（これを包括承継という）。したがって，従業員と消滅会社であるスタートアップとの間の雇用契約全てが，従業員の意思や同意の有無とは関係なく，すべて存続会社に承継されるのである。

　したがって，合併により消滅会社となったスタートアップの従業員は，合併後には，自動的に買主の会社の従業員となるのである。

(2)　その他の従業員への影響

　合併における従業員にとってのデメリットは，株式譲渡によるM&Aの場合と概ね同様である。合併においても株式譲渡のM&Aと同様に，スタートアップと従業員との間の雇用契約が引き継がれるため，従業員の労働条件は基本的に存続会社に引き継がれる。もっとも，従業員は株式譲渡のM&Aと異なり，存続会社の従業員となるため，存続会社の就業規則に従う必要がある。

この点，存続会社の就業規則の内容と，従業員が締結している雇用契約の内容が矛盾する場合は，基本的に従業員にとって有利なほうが適用されるため，理屈としては問題ないように思える。もっとも，事実上は，存続会社の従業員になる訳であるから，存続会社の意向に従わざるを得ない場合が多いと思われるため，株式譲渡のM&Aと同様に，事実上のデメリットはあると思われる。反面，大企業と合併することにより，従業員の待遇が向上する可能性があることも，株式譲渡のM&Aと同様である。

3　会社は消滅しないが，所属する部署（事業）が譲渡されるM&Aの場合

(1)　事業譲渡と会社分割の違い

　事業譲渡とは，会社のある事業のために組織化・一体化された財産の全部または一部を第三者に譲渡することをいう。

　会社分割とは，会社がその事業に関して有する権利義務の全部または一部を，他の株式会社に承継させることをいう。権利義務を承継する側の会社が既存の会社の場合は吸収分割といい，権利義務を承継する側の会社が新たに設立される会社の場合を新設分割をいう。

　両者は表現上はいずれも「事業」の譲渡または承継であるため，その内容は似ているように思える。もっとも，法的に言えばその性質は大きく異なり，譲渡または承継される事業に従事する従業員にとっては，その地位に大きな違いが生じる。

　事業譲渡の場合，譲渡される事業に従事する従業員の同意がない限り，当該従業員は買主である会社にその地位が移転されることがない。つまりは，A社がB社にアプリ事業を譲渡するような場合でも，アプリ事業に従事するA社の従業員が同意しなければ，当該従業員はB社に移籍しなくてもいい，ということである。これを「特定承継」という。

　対して，会社分割の場合は，承継される事業に主に従事する従業員の同意がなくとも，当該従業員は買主である会社に原則としてその地位が移転されてし

まう。つまりは，A社がB社にアプリ事業を分割するような場合，アプリ事業に主に従事するA社の従業員が同意しなくとも，当該従業員はB社に移籍しなくてはならない，ということである。これを「包括承継」といい，合併と同様の法的性質を持つのが会社分割である。

　以下，事業譲渡と会社分割についての従業員への影響等について述べる。

(2)　事業譲渡の場合

　前述の通り，事業譲渡については，譲渡する事業に属する従業員の同意が必要になるため，基本的には従業員が望まなければ，その地位の変更はない。もっとも，事業を譲渡する側の会社においては，従業員に対し圧力をかけたり，従業員に虚偽の情報を与える等により，従業員に対し強制的に同意させるようなケースもある。

　もっとも，このような場合には，当該従業員から同意の意思表示の取消を主張されることにより，従業員の移転がそもそもなかったことになる場合もあるため，事業譲渡を行おうとするスタートアップにとっては注意が必要である。

　また，同意をしなかった従業員を解雇することや，譲渡する側の会社に残留する従業員に対し，従事していた事業がなくなってしまったことによる解雇については，その解雇は原則として労働契約法16条で定める解雇権濫用の要件，具体的には「客観的に合理的な理由を欠き，社会通念上相当であるとして認められない場合」にあたり，解雇が無効になることについても留意すべきである。

　したがって，スタートアップが事業譲渡を行う場合において，譲渡する側の従業員が他社への移転について同意しない場合でも，強制的に同意させることや同意しないことについての制裁を加えることができない。移転してほしい場合は，従業員と移転の必要性や移転することによる従業員のメリットを丁寧に説明し，従業員から真意による同意を取る必要がある。なお，事業譲渡において会社側が留意すべき事項については，「事業譲渡又は合併を行うに当たって会社等が留意すべき事項に関する指針（平成28年厚生労働省告示第318号）」が詳しいので，参考にされるのをお勧めする。

(3)　会社分割の場合

　会社分割の場合は，前述のように包括承継であるため，承継される事業に主に従事する従業員であり，かつ会社から移転を求められた従業員は，従業員の意思にかかわらず，事業を承継する側の会社に移転しなくてはならない。もう少し詳細に述べると，承継される事業に主として従事する従業員で，当該従業員の労働契約について事業を承継する会社に承継する旨の定めが分割契約書等に記載された従業員の労働契約は，会社分割の効力発生日において，当該従業員の合意がなくとも，事業を承継する会社に承継されてしまうのである。

　もっとも，同意がない従業員にとっては，自らが望まない会社への移転が強制されることになってしまい，当該従業員にとっては重大な不利益が生じる可能性がある。そこで，このような従業員の保護を図るために，「会社分割に伴う労働契約の承継等に関する法律（労働契約承継法）」により，譲渡する側の会社が取るべき手続や従業員の異議手続等が規定されている。

　例えば，前述の例のように，A社がB社にアプリ事業を分割するような場合，アプリ事業に主に従事するA社の従業員について考える。当該従業員が移転するものとして分割契約等にその氏名が記載されていた場合は，当該従業員の同意の有無にかかわらず，当該従業員はB社の従業員になってしまうことになる。もっとも，A社は，当該従業員と必要な協議を行う必要があり，当該協議が全く行われなかった場合や，協議におけるA社の説明が著しく不十分であったような場合は，当該従業員はB社への移転を争うことができるとされている。

　また，逆にアプリ事業に主に従事する従業員にもかかわらず，分割契約等にその氏名が記載されていなかった場合は，原則として当該従業員はA社の従業員のままである。もっとも，当該従業員がアプリ事業に従事するために入社していたような場合は，当該従業員にとってB社でアプリ事業に従事できないことは大きな不利益になる場合がある。このような場合は，当該従業員がB社への移転を希望し，一定期間内に会社に異議申立を行えば，当該従業員はB社へ移転することができるのである。

　その他，会社分割の場合は，会社が取らなければいけない手続が多い。詳細

については，【図表９－４】と共に，厚生労働省「会社分割に伴う労働契約の承継等に関する法律（労働契約承継法）の概要」をご参照されたい。

【図表９－４】　会社分割手続の流れ・概要

［会社分割を承認する株主総会を６月29日に開催する場合］

労働契約承継法・平成12年商法等改正法附則第５条

手続きの流れ

労働者の理解と協力を得る努力【法第７条】

- 遅くとも労働者との協議の開始までに開始することが望ましい。その後も必要に応じて適宜行う【指針第２　４(2)ニ】

労働協約の債務的部分の承継に関する労使同意【法第６条】

- 分割契約等の締結前又は作成前にあらかじめ労使間で協議することにより合意しておくことが望ましい【指針第２　３(1)イ】

労働者との協議【商法等改正法附則第５条】

- 通知期限日までに協議【商法等改正法附則第５条，指針第２　４(1)イ】
- 通知期限日までに十分な協議ができるよう，時間的余裕をみて協議を 開始【指針第２　４(1)ホ】

労働者・労働組合への通知【法第２条】

- 通知日：事前開示事項の備置開始日又は株主総会招集通知発出日のいずれか早い日と同じ日が望ましい　⇒5/25
　【指針第２　１(1)】
- 通知期限日：株主総会の２週間前の日の前日　⇒6/14
　【法第２条第３項第１号】

該当労働者による異議の申出【法第４・５条】

- 異議申出期限日：通知期限日の翌日から株主総会の日の前日までの期間の範囲内で分割会社が定める日
　【法第４条第３項第１号】　⇒例えば6/24

※通知日と異議申出期限日との間に少なくとも13日間置く必要がある【法第４条第２項】

労働契約の承継・不承継【法第３～５条】

- 分割の効力が生じた日に，分割契約等に承継の定めのある労働契約が承継会社等に承継。一定の労働者が異議の申出を行った場合，分割の効力が生じた日に，労働契約の承継・不承継が覆る。

（参考）会社法上の手続（日付は仮定）

- 分割契約・分割計画の準備
- 5/25　事前開示事項の備置開始日
- 6/1　株主総会招集通知発出日
- 6/29　株主総会
- ↓ 承認
- 8/1　分割の効力発生日
  - 吸収分割の場合は分割契約で定める日
  - 新設分割の場合は登記の日

出所：厚生労働省「会社分割に伴う労働契約の承継等に関する法律（労働契約承継法）の概要」[2]

2　https://www.mhlw.go.jp/file/06-Seisakujouhou-12600000-Seisakutoukatsukan/0000135994.pdf

索　引

【編著者紹介】

～新しい時代の弁護士像を確立し，日本のアップデートに貢献する～
弁護士法人東京スタートアップ法律事務所

　弁護士法人東京スタートアップ法律事務所（略称「TSL」）は，この国のアップデートに貢献するために設立されました。コロナ禍を経験した我々は，大変化の真っ只中にいます。そうした中，法律家の役割とは何でしょうか。それは，ビジョンを持った起業家に「寄り添う」ことだと考えています。新しい世の中を作っていく，世の中を変えていくのは起業家です。TSL は，起業家のビジョンに共感し，法の知識とロジックを駆使して起業家の事業を後押しする存在でありたいと考えています。

四谷本店
東京都千代田区麹町6-6-2
番町麹町ビルディング５階

渋谷支店
東京都渋谷区神南1-23-14
リージャス渋谷公園通りビル３階

札幌支店
北海道札幌市中央区大通西１丁目14-2
桂和大通ビル50　9階

横浜支店
神奈川県横浜市西区みなとみらい3-7-1
オーシャンゲートみなとみらい８F

名古屋支店
愛知県名古屋市中村区名駅3-28-12
大名古屋ビルヂング11階

大阪支店
大阪府大阪市北区曽根崎新地1-13-22
御堂筋フロントタワー１F

福岡支店
福岡県福岡市博多区中洲5-3-8
アクア博多５階

【著者紹介】

中川　浩秀（なかがわ　ひろひで）

東京スタートアップ法律事務所　代表弁護士

同志社大学法学部法律学科卒業，同志社大学法科大学院修了。都内法律事務所を経て，東京スタートアップ法律事務所を開設。

後藤　亜由夢（ごとう　あゆむ）

東京スタートアップ法律事務所　弁護士・公認会計士

早稲田大学商学部卒業，大手監査法人入所。早稲田大学大学院法務研究科修了後，都内法律事務所を経て，東京スタートアップ法律事務所入所。

中村　望（なかむら　のぞみ）

東京スタートアップ法律事務所　弁護士

横浜国立大学経済学部経済システム学科卒業，横浜国立大学法科大学院修了。都内法律事務所を経て，東京スタートアップ法律事務所入所。

宮地　政和（みやじ　まさかず）

東京スタートアップ法律事務所　弁護士

岡山大学法学部卒業，明治大学大学院法務研究科修了後，都内法律事務所に入所。大手信販会社，大手金融機関を経て，東京スタートアップ法律事務所入所。

森　哲宏（もり　てつひろ）

東京スタートアップ法律事務所　弁護士

中央大学法学部卒業，明治大学大学院法務研究科修了後，都内法律事務所入所。大手民間企業を経て，東京スタートアップ法律事務所入所。

内山　悠太郎（うちやま　ゆうたろう）

東京スタートアップ法律事務所　弁護士

明治大学法学部卒業，早稲田大学大学院法務研究科修了。都内法律事務所を経て，東京スタートアップ法律事務所入所。

林　洋輔（はやし　ようすけ）

東京スタートアップ法律事務所　弁護士

九州大学法学部卒業，九州大学法科大学院修了。都内法律事務所を経て，東京スタートアップ法律事務所入所。

砂原　惣太郎（すなはら　そうたろう）

東京スタートアップ法律事務所　弁護士

上智大学法学部卒業，上智大学法科大学院修了。複数の弁護士法人を経て，東京スタートアップ法律事務所入所。

スタートアップの人事労務ガイド

2022年9月1日　第1版第1刷発行

編著者	弁護士法人東京スタートアップ法律事務所
著　者	中　川　浩　秀
	後　藤　亜由夢
	中　村　　　望
	宮　地　政　和
	森　　　哲　宏
	内　山　悠太郎
	林　　　洋　輔
	砂　原　惣太郎
発行者	山　本　　　継
発行所	㈱中　央　経　済　社
発売元	㈱中央経済グループパブリッシング

〒101-0051　東京都千代田区神田神保町1-31-2
電話　03(3293)3371　(編集代表)
　　　03(3293)3381　(営業代表)
https://www.chuokeizai.co.jp
印刷／東光整版印刷㈱
製本／㈲井上製本所

©2022
Printed in Japan

＊頁の「欠落」や「順序違い」などがありましたらお取り替えいたしますので発売元までご送付ください。(送料小社負担)

ISBN978-4-502-43621-5 C3032